稻盛和夫与论语

［日］皆木和义 著
周征文 译

人民东方出版传媒
People's Oriental Publishing & Media

东方出版社
The Oriental Press

图书在版编目（CIP）数据

稻盛和夫与论语 /（日）皆木和义 著；周征文 译 . —北京：东方出版社，2025. 5. —ISBN 978-7-5207-4451-5

I. F279.313.3；B222.25

中国国家版本馆 CIP 数据核字第 20259R7C86 号

Inamori Kazuo no Rongo
by Kazuyoshi Minagi
Copyright © Kazuyoshi Minagi 2008
Simplified Chinese translation copyright © 2023 Oriental Press,
All rights reserved.

Original Japanese language edition published by ASA PUBLISHING CO., LTD.
Simplified Chinese translation rights arranged with ASA PUBLISHING CO., LTD.
through Hanhe International (HK) Co., Ltd.

本书中文简体字版权由汉和国际（香港）有限公司代理
中文简体字版专有权属东方出版社
著作权合同登记号 图字：01-2023-6035 号

稻盛和夫与论语

（DAOSHENG HEFU YU LUNYU）

作　　者：	[日]皆木和义
译　　者：	周征文
责任编辑：	贺　方
责任审校：	金学勇
出　　版：	东方出版社
发　　行：	人民东方出版传媒有限公司
地　　址：	北京市东城区朝阳门内大街 166 号
邮　　编：	100010
印　　刷：	优奇仕印刷河北有限公司
版　　次：	2025 年 5 月第 1 版
印　　次：	2025 年 5 月第 1 次印刷
开　　本：	787 毫米 ×1092 毫米　1/16
印　　张：	16.75
字　　数：	153 千字
书　　号：	ISBN 978-7-5207-4451-5
定　　价：	54.00 元

发行电话：（010）85924663　85924644　85924641

版权所有，违者必究

如有印装质量问题，我社负责调换，请拨打电话：（010）85924602　85924603

前 言
——《论语》与稻盛和夫先生

两千年前流传至今的中国古代典籍《论语》中有下面这句话。

子曰："述而不作，信而好古，窃比于我老彭。"（述而篇）

孔子这句话的意思是，"平日我之所言，皆出自古代圣贤之语，因此它们并非我所创。我只是本着济世之目的，复述圣贤之语而已。我听闻商朝的贤大夫彭祖亦是如此。我无法与老彭相提并论，但我也想效仿他。"

换言之，孔子坦言，自己的箴言谏语都非自己原创，只是结合今日世相，把过去圣人的话以另外一种说法进行阐述而已。

每每想到孔子的上述谦言，我心中就会涌现对先哲们的敬仰之情。

在所有影响我的企业家中，最令我受教的是京瓷的创办人稻盛和夫先生。

我和稻盛先生的缘分可追溯至 20 多年前。当时我在时任 NTT 成立委员会委员长今里广记先生（已故，曾任日本精工会长）的身边工作，有幸结识了稻盛先生，并深受其熏陶。

后来我还有幸担任了稻盛先生所设立的"经营道场"——盛和塾的联络总干事，并因此有机会执笔与稻盛先生有关的书籍（《稻盛和夫与中村天风》《松下幸之助与稻盛和夫》等），这让我和稻盛先生的这份缘分更加深厚。

对于我这样的后辈，稻盛先生总是心怀博爱、悉心指导，这着实令我感激不尽。

承蒙各方厚爱，我现任 Hard off 公司老总，该公司如今是东京证券交易所一板上市企业。当年我就任时，稻盛先生鼓励我："你身为老总，我希望你以打造优秀企业为己任，不断努力奋斗。"我由衷感激他的这番箴言。

本书源自我数年前对稻盛先生的一次采访，为时一个半小时。当时我去京瓷集团总部拜访他，采访的主题有二，一是"人生活法"，二是"传播力"。那次采访结束后，我以相关内容为基础，加上稻盛先生平日对我的教诲和指点，试图写出一本对我身边的年轻同人有参考意义的人生入门手册。也正因为如此，起初我并没想过要公开出版，只打算完成后赠送给圈子里的熟人。

可就在筹划此事之时，恰巧有出版社向我约稿。对方的建议是"您作为稻盛先生的早期弟子之一，可以精选出稻盛先生的睿智箴言并整理成书"。出于上述机缘，本书最终得以面世。

稻盛先生最为中意的人生箴言是"敬天爱人"。这也是他所创立的京瓷的企业座右铭。所谓"敬天爱人"，顾名思义，即"尊敬上天，关爱他人"之意。

在收集西乡隆盛箴言的《南洲翁遗训》一书中，出现过"敬天爱人"的说法，而据说西乡生前深受江户时代儒学家佐藤一斋的影响。

由此可知，卓越企业家稻盛和夫先生的思想根基，其实可追溯至起源于两千年前的儒家思想。

鉴于此，我写《稻盛和夫的论语》一书的目的有二。

其一是模仿孔子弟子们当年汇总孔子箴言编成《论语》的做法，我身为稻盛先生的弟子之一，也要以稻盛哲学的"辅助笔记"的形式，传播他那涵盖人生乃至经营的宏大哲学体系。

其二是以稻盛思想源流之一的儒教为参照物，借用我所中意的《论语》章句，考察分析稻盛先生对儒教经典思想的实践方式。并通过这样一个全新的角度，尝试对他的诸多箴言予以二次解读。

为此，在本书的下面内容中，我斗胆称恩师稻盛先生为"稻翁"，以表达我的敬意。因为他极为崇敬的西乡隆盛也有"南洲翁"这一尊称。

本书每个小节的开头都会引用一句稻翁的话，然后加上《论语》中与之含义相近的章句，最后附以篇章题名，以作对比。

此外，本书以稻翁的箴言为核心，至于《论语》的内容部分，则主要参考金谷治翻译的《论语》（岩波文库出版）、吉川幸次郎所著的《论语（上、下）》（朝日选书出版）以及加地伸行所著的《论语》（讲谈社学术文库出版）等。

在稻翁的教诲中，我一直视之为座右铭的要数"六项精进"。下面基于我的理解予以说明。

【六项精进】

1. 付出不亚于任何人的努力

身为企业经营者，必须无比热爱和重视全体员工和工作现场，同时把大义、经营理念和目标数字作为大前提，时刻关注数字，秉持"灵性＋科学"的态度，比别人更加认真地坚持努力钻研，做到工作到位、竭尽全力，从而不断进步提高。

2. 谦虚戒骄

俗话说："善有善报，恶有恶报。"中国古人的至理名言亦有云"唯谦受福"。换言之，谦虚之心能招来福报，并净化自己的心灵，从而激发迈向明天的真正活力。

3. 天天反省

"忘己利他"方为成功之要诀。因此必须时刻自省自诫，反省自己是否自私自利、以自我为中心，是否任意妄为、公私混同，是否有失公允、卑怯行事，是否偏心亲朋、区别对待，是否在为社会和世人作贡献，是否在每日改进、成长及进步……若存在有违道理之举，哪怕甚是细微，也必须即刻改正。这一点至关重要。

4. 活着就要感谢

我们的生命其实是被赋予的。所以在思考活着的意义时，自然可知"人必有使命和天命"。也正因如此，我们要全力投入、活在当下。反之，轻视今日的人，就等于抛弃了过去和未来。此外，要明白"活着本身就是一种幸福"，故而应该感恩一切。

5. 积善行、思利他

人要心存善念，行正确之事、善良之事。要本着一颗利他心，为他人、客户乃至社会带来利益和喜悦，且在言行方面要关怀体谅他人，并不断坚持实践和积累这般善行善举。

6. 不要有感性的烦恼

常言道："下雨就在雨中走，刮风就在风中行。"人应"享受当下、随遇而安",才能活得充实。切不可总是牢骚满腹、怕东怕西或懊恼不已,而应乐观开朗、积极向上,充满"正能量"。即从正面看问题,并对任何事都尽全力,不给自己留下遗憾。

上述解说基于我的个人见解,想必各位读者亦有自己的真知灼见。

在我看来,世间无完人。本书与上述六项精进相结合,是我永远珍视和遵循的自省原则和判断基准。

我希望各位读者也能通过稻翁的箴言谏语,切实为自己的成长和成功助力。倘若本书能在此方面为各位读者带来哪怕些许启发,身为作者的我便欣喜不已。

株式会社 Hard off 董事长兼总裁

皆木和义

目 录

1. 活法篇

追问人生的目的 …………………………………… 002
动机至善,私心了无 ……………………………… 004
审视真我 …………………………………………… 006
必须始终保持谦虚 ………………………………… 008
养成"基于善来判断"的习惯 …………………… 012
自我燃烧 …………………………………………… 015
信赖应向内求 ……………………………………… 018
认真度过每一天 …………………………………… 020
以爱、真诚及和谐之心为本 ……………………… 023
人生·工作的结果 = 思维方式 × 热情 × 能力 … 027
以节俭为本 ………………………………………… 030
拥有坦诚之心 ……………………………………… 033
人生须时时反省 …………………………………… 037

2. 成长篇

追求人类的无限可能性 …………………………… *042*

认真努力，埋头苦干 ……………………………… *045*

脚踏实地，坚持不懈 ……………………………… *047*

怀有感谢之心 ……………………………………… *052*

塑造独立的人格 …………………………………… *056*

贯彻完美主义 ……………………………………… *059*

直言相谏 …………………………………………… *062*

描绘梦想 …………………………………………… *065*

突破障碍 …………………………………………… *067*

抱有渗透到潜意识之中的强烈而持久的愿望 …… *070*

读书开阔视野 ……………………………………… *074*

深思熟虑到"看见结果" …………………………… *077*

把自己逼入绝境 …………………………………… *080*

以纯洁的心灵描绘愿望 …………………………… *083*

重视伙伴关系 ……………………………………… *087*

3. 事业篇

成为旋涡的中心 …………………………………… *092*

认为不行的时候才是工作的开始 …………… *095*

具备真正的勇气 ………………………… *099*

率先垂范 …………………………………… *102*

具备均衡的人格 ………………………… *105*

贯彻双重确认的原则 …………………… *108*

注重公私分明 …………………………… *111*

构筑信赖关系 …………………………… *114*

乐观构思,悲观计划,乐观实行 ……… *118*

以诚实之心关爱他人 …………………… *122*

专注并钻研 ……………………………… *125*

做事要"说到做到" …………………… *128*

不拘泥于所谓的"常识" ……………… *131*

热爱工作 ………………………………… *134*

在相扑台的中央交锋 …………………… *138*

胆大与心细兼备 ………………………… *142*

4. 开拓篇

成为开拓者 ……………………………… *148*

心想才能事成 …………………………… *152*

树立远大目标 …………………………… *155*

重视独创性 ………………………………… 158

燃起斗志 …………………………………… 161

自己的路自己开拓 ………………………… 163

以将来进行时来看待能力 ………………… 166

不成功决不罢休 …………………………… 169

超越平凡 …………………………………… 171

必须把哲学变为自身"血肉",否则没有意义 … 173

具有挑战精神 ……………………………… 177

5. 领导篇

贯彻实力主义 ……………………………… 182

实践重于知识 ……………………………… 185

统一方向 …………………………………… 189

用关怀赢得信赖 …………………………… 193

不断从事创造性的工作 …………………… 196

共享理念 …………………………………… 200

给下属注入能量 …………………………… 203

兼具两个极端 ……………………………… 206

以心感召心 ………………………………… 208

与宇宙的意志相和谐的心性 ……………… 211

目标必须众所周知 …………………………… *214*

　　言出必行 ……………………………………… *217*

6. 经营篇

　　遵循原理原则 ………………………………… *222*

　　以心为本的经营 ……………………………… *226*

　　贯彻顾客至上主义 …………………………… *230*

　　好声誉来之不易 ……………………………… *233*

　　以大家族主义开展经营 ……………………… *235*

　　光明正大地追求利润 ………………………… *239*

　　贯彻公平竞争精神 …………………………… *243*

　　全员参与经营 ………………………………… *246*

　　后记 …………………………………………… *250*

1 活法篇

稻翁语 追问人生的目的

《论语》原文

　　曾子曰："士不可以不弘毅，任重而道远。仁以为己任，不亦重乎？死而后已，不亦远乎？"（泰伯篇）

今译

　　曾子说："读书人不可以不刚强而有毅力，因为他负担沉重，路途遥远。以实现仁德于天下为己任，不也沉重吗？到死方休，不也遥远吗？"

人生目的为何？纵观现代社会，不少人迷失人生目的，一味追求刹那的快乐和欢愉。

这种人往往为了满足私欲而生活和工作。选择这般浅薄安逸的活法，或许一时会觉得轻松愉快，但最终往往会心生空虚。于是才认识到追求更高层次人生目的的必要性。

孔子云，人生之目的，在于一个"仁"字。这里的"仁"指的是利他心，也即体谅关怀和慈悲之心。因此可以说，在孔子看来，关心和体恤他人，方为人生之意义所在。

孔子还强调"应终生实践仁义"，生命不止，实践不停。可即便如此，也很难彻底参透和贯彻仁义。正可谓"路曼曼其修远兮"。但也或许正因为实现起来非常困难，孔子才会视其为值得终其一生去追求的人生目的。

无论时代如何变，人的本质并不会变。人之初，性本善，人人都有求善之心，且想必希望为后世留下具有价值的精神财富。为了让自己在回顾人生时能够挺起胸膛说"自己拼命工作，为社会作出了贡献，觉得非常幸福充实"，我们每个人都应该独立深思自己人生的目的。

稻翁语：动机至善，私心了无

《论语》原文

子曰："视其所以，观其所由，察其所安。人焉廋哉？人焉廋哉？"（为政篇）

今译

孔子说："看一个人的所作所为，就要考察他为达到一定的目的所采用的方式方法。如此一来，这个人的内心怎能掩盖得了呢？这个人的内心怎能掩盖得了呢？"

胸怀大志并志在实现时，必须扪心自问："是否动机至善。"要如此自问自答，从而弄清自身动机的善恶，然后方能着手行动。

所谓"善"，是人人眼中的美好特质。即不一味自私地执着于自身利益、便利或脸面，而是同时将别人的利益也考虑在内。

此外，在努力推进目标时，还需要不断自问"是否私心了无"。即检查和审视自己在开展工作时是否基于自身利害和好恶，切不可在这方面麻痹大意。

孔子指出，掂量一个人的"格局"和"品性"，只要观察其"行动"、"动机"和"目标"即可。这样的分析，可谓"理解他人的基本方法"。

从另一方面来说，别人也能通过这三点来分析和判断我们。

如何行动、为何行动、目的何为——围绕这三点，别人也在时刻审视着我们。审视我们的行动是否始终秉持"善念"和"利他心"、是否被"私心"和"利己"之念所支配、是否由于"私利私欲"而丧失了正确的价值判断能力。

若能彻底做到动机至善和私心了无，则根本无须过问结果。毫不夸张地说，因为结果必定是成功。

稻翁语 审视真我

《论语》原文

子曰:"富与贵,是人之所欲也;不以其道得之,不处也。贫与贱,是人之所恶也;不以其道得之,不去也。君子去仁,恶乎成名?君子无终食之间违仁,造次必于是,颠沛必于是。"(里仁篇)

今译

孔子说:"金钱和地位人人向往,但若以不正当的手段得到它们,则君子不会享受。贫困和卑贱人人厌恶,但若不通过正当途径摆脱它们,则君子不会摆脱。君子若背离了仁德,又何以称君子呢?就连吃一顿饭的时间,君子也不会停止思考仁德。即便匆忙紧迫或颠沛流离,君子依然会以仁德处事。这样的人,方为君子。

人并没有自己所认为的那样聪明。

我们试着回顾自己的人生，会发现反省和后悔占多数。"我当时怎么就犯了那么傻的错误？"在追忆似水年华时，这样的感叹大概会接踵而来，且会后知后觉地发现"当时明明有更好的选择或对策"。

从某种意义层面来说，孩提时是幸福的，因为有父母给予严厉的忠告。父母年轻时犯过类似的错误，为了不让自己的孩子重蹈覆辙，会传授孩子经验并予以教育指导。

人生在世，失败是家常便饭。但必须把失败转变为自己的财富，使其在自己往后的人生道路上发挥作用。但是否能做到这一点，就要看个人的修行了。

孔子的上述箴言可归纳为"无论如何失败，只要怀揣仁心，定能东山再起"。仁心即利他心、关怀心和慈悲心。若以仁心待人，便能自然而然地客观审视自我。换言之，每天"审视真我"，就是"化错误为动力"的最好方法。

总之，人必须时刻保持"客观审视自身"的耿直，以及"从失败中学习"的谦虚。

> 稻翁语

必须始终保持谦虚

《论语》原文

　　子贡曰："我不欲人之加诸我也，吾亦欲无加诸人。"子曰："赐也，非尔所及也。"（公冶长篇）

今译

　　子贡说："我不愿别人把不合理的事强加在我身上，我也不想把不合理的事强加在别人身上。"孔子说："赐（子贡的名字）呀，这不是你可以做得到的。"

随着人类社会在物质方面的不断丰富，抱有"自我中心"价值观的人和主张自我个性和诉求的人逐渐增多。可这样的思维方式会导致个体之间的争端，使得原本需要团队合作的工作难以开展。

此外，一个人一旦因为自身能力或些许成功而自满，甚至变得傲慢不逊，结果不但会失去周围人的协助，还会妨碍自身的成长和进步。同时，由于这种职场环境缺乏团结，导致组织或企业与成功无缘。

那么问题来了——如何才能让组织内成员统一方向，并在保持良好职场氛围的同时发挥最高效率呢？为此，首先要认识到"有大家才有自己"，从而学会感恩周围的人。并在此基础上，保持"自己还不成熟、还需努力"的谦虚态度。

我们再来分析孔子和子贡的上述对话。该对话与《论语·颜渊篇》中孔子所说的"己所不欲勿施于人"同理，但更为深刻。

逻辑思维明晰的子贡把孔子强调的"忠恕之德"视为一种道理公式，因此他对孔子说："对于自己不愿做之事，也不会强迫别人去做。"

关于子贡对"忠恕"的这般理解，孔子予以认可。但同时他也告诫子贡：真正实践"德"，要比理解"德"困难得多。换言之，孔子指出了子贡"理论先行"的误区，并提醒道："像尊敬自己一样尊敬他人，这样的忠恕之德，你目前还是无法轻易实行的。"也就是说，对于自以为已然完美参透了"忠恕"的子贡，孔子通过"理论与实践大为不同""人外有人，天外有天"之类的箴言，对其予以忠告。在《论语·泰伯篇》中，曾子感言如下。

曾子曰："以能问于不能，以多问于寡；有若无，实若虚；犯而不校——昔者吾友尝从事于斯矣。"（泰伯篇）

这段话的意思是——曾子说："有才能却向没有才能的人请教，知识广博却向知识少的人请教；有学问却像没学问，满腹知识却像空虚无所有；即使被冒犯，也不予计较。以前我的一位朋友就是这样做的。"

这可谓东方道德的精髓所在。看了这句话，可能有人会将其理解为"人要有一颗活到老、学到老的求知之心"。这的确也没错，但重点并不在这里。

曾子的上述话语可以意译为"以前和我一起接受老师教诲的一批学长们，他们无论多么聪明，都不会骄傲得意。即使在面对学弟时，他们也会放低身段，并用浅显易懂的话语交谈。这番儒雅，真令人怀念"。

换言之，曾子的话的中心思想是"周围人皆是自己的老师"，即一种谦虚精神。

打个比方，假设你在职场内解决了一个难题，也许你会觉得这是靠你自己独立完成的，但实际上这个难题不可能是凭你一己之力解决的。可明明如此，倘若你仍然到处吹嘘"全靠我的力量才解决""领导应该马上表扬我""应该给我加薪"……周围人会做何反应呢？你恐怕会被人看扁，会被人视为小人。这还不算完，如果你的这种态度变本加厉，那恐怕就会造成与同事之间难以抹平的隔阂。

可见，倘若忘却"必须始终保持谦虚"的美德，不仅会损害人际关系，还会让原本几乎就要到手的成功化为泡影。

养成"基于善来判断"的习惯

稻翁语

《论语》原文

子曰:"吾与回言终日,不违,如愚。退而省其私,亦足以发,回也不愚。"(为政篇)

今译

孔子说:"我整天对颜回(其弟子颜渊的名字)讲学,他从不提出什么反对意见,像个蠢人。等他退回去自己研究,却也能发挥,可见颜回绝非愚笨之人。"

要作出正确判断，我们必须拥有正确的认识。但这"言易却难行"。

纵观世间万物万象，其真相往往只有一个，但人们对其"认识"却因看问题的角度不同而各异。人人心中皆有一面"滤镜"，乃至对于同一个事实都能得出"善"和"恶"两种截然相反的结论。平时可能难以意识到这一点，但我们的确一直都在遵循这样的思维方式。换言之，所谓事实，既可以被我们心中的滤镜判断为"善"，也可以被我们心中的滤镜判断为"恶"。

假设职场中你有一位工作十分努力的同事。如果你认为他"珍惜人生、加倍努力、竭尽全力，是个认真负责的好同事"，那你就会将他的这种工作态度和方式判断为"善"。反之，如果你认为他"不管家庭、不顾健康、不懂生活，是个不折不扣的工作狂"，那你就会将他的这种工作态度和方式判断为"恶"。

人心中的滤镜千差万别，所以任何一种判断和认识都称不上完全正确。孔子用"善"来评价他的弟子颜渊。鉴于此，既然一个人的判断和认识具有主观性，那我们就应养成"基于善来判断"的正能量习惯。

偏于否定及负面的"认识"无益于人的成长,也无助于解决问题。而如果我们能学会发现他人和事物的闪光点,养成"以善观万物"的习惯,则必会为自己乃至周围的人带来好结果。

稻翁语 自我燃烧

《论语》原文

子路问政。子曰:"先之劳之。"请益。曰:"无倦。"(子路篇)

今译

子路询问孔子为政之道。孔子说:"自己先要身体力行、带头努力,还要体恤和慰劳百姓。"子路请求孔子进一步赐教,孔子答道:"莫要松懈倦怠。"

稻翁指出，就像物体具有可燃性、不燃性和自燃性那样，人也分为可燃型人、不燃型人，以及会自我燃烧型的人。

大家可以想想自己属于哪种类型呢？大家可能认为自己基本属于自燃型的人。每天只要需要，就能立刻"自我燃烧起来"。稻翁的上述话语通俗易懂，但我一直将其用于自问自省。

要想有所成就，就必须具备自我燃烧的热情。就拿高中棒球来说，在许多高中的棒球社团里，都有一些打心底热爱棒球的少年苗子，他们以杀入甲子园为梦想，团结一心，每日苦练。这种态度和劲头儿，让他们激情跃动，进而使其将来会有光明的前途。换言之，不用别人督促，他们也会自主努力、自我燃烧。

再说回孔子的上述箴言。他口中的"身体力行、带头努力""莫要松懈倦怠"，其实并非只针对从政者。在孔子离世二千五百多年后的当今社会，这些话依然适用。无论哪个社会，都需要"以身作则，负责到底"的人。

话虽如此，但我们也无须把这件事想得太复杂。只要从自己力所能及的范围内做起，勇于主动承担一些事情即可。这可谓"照亮一隅"或"尽己力，照一隅"，即尽自己力量，为社会带来哪怕一丝光明和温暖。如此一来，自己的这份热情和责任感便能如星火燎原般感染周围人，最终掀起巨大的正能量波澜。可见，一个人的力量看似渺小，实则大不可测。

总之，先要从自己做起，激起"自我燃烧"的热情。而这份熊熊燃烧的火热之情，必能改变我们的职场和未来。

稻翁语 信赖应向内求

《论语》原文

子曰:"人而无信,不知其可也。大车无輗,小车无軏,其何以行之哉?"(为政篇)

今译

孔子说:"一个人如果不讲信用,便一事无成。就像牛车的横木两头没有活键,马车的横木两头少了关扣一样,这怎么能行驶呢?"

孔子断言："一个人如果不讲信用，那万事皆徒劳。"拉动牛车和马车时，车辕前的横木和夹板起到了舵的作用。在孔子看来，驾车人在"绝对信赖这个舵"的前提下，才能放心让牛和马拉着车跑；假如不相信这舵，便无法驾驭车了。

这个道理在商界亦通用。若缺乏信赖，生意便做不成。如果无法建立与生意伙伴之间的信赖关系，生意就会停摆，甚至失败。

那么问题来了——该怎样与他人建立良好的信赖关系呢？

比如"签订待遇优厚的雇佣合同"如何？很遗憾，这种方法并不管用。"互信"属于心灵层面的东西，不是光靠一纸契约就能一蹴而就的。

要想培养真正的信赖关系，首先要让自己成为一个"值得信赖"之人。如果你人品高尚，深受他人信任，你与周围人的关系自然会变得良好。鉴于此，我们必须时常扪心自问"自己是否达到了足以获得他人信赖的心灵境界"，若还没有，则必须不断改正和进步。

总之，信赖不应向外求，而应向内求。切记，信赖关系首先是自身心境的反映。

稻翁语 认真度过每一天

《论语》原文

季路问事鬼神。子曰:"未能事人,焉能事鬼?"曰:"敢问死。"曰:"未知生,焉知死?"(先进篇)

今译

季路问孔子服事鬼神的方法。孔子说:"生者尚不能服事,何谈服事死者?"季路又说:"敢问死是怎么回事?"孔子说:"生的道理都弄不清楚,又哪能明白死呢?"

听起来或许意外，但稻翁其实从不制订长期的经营计划和所谓"远大的商业规划"。

问其理由，稻翁回答道："连今日的工作能否顺利完成都不清楚，连明天会发生什么都不知道，就更不可能预见遥远未来的事情了。"

因此稻翁把"认真度过每一天"作为人生理念。换言之，如果目标明确、每日拼搏，则未来水到渠成。如此不断积累，等到5年或10年后，就会大变样。所以说，比起纠结未知的遥远将来，不如拼命努力、脚踏实地地活在当下。

的确，认真过好今天，明天自然会变得清楚。若能这样日日认真精进，对于未来的变化也会较易推测。至于关键之处，自然在于日日坚持。

人生如戏，每个人都是自己人生的主角，重要的是如何编写剧本。任由命运摆布的随波逐流的人生或许亦未尝不可，但如果能提高心性、奋发拼搏，那我们就能做自己的人生编剧。

进一步来说就是，我们可以根据自己的意愿写剧本，并按照剧本演好主角。换言之，人生如戏，剧本靠自己。显然，浑浑噩噩的人，极度认真的人，二者的剧本内容截然不同。

"生者尚不能服事，何谈服事死者？""生的道理都弄不清楚，又哪能明白死呢？"——孔子的这两句话可意译为"与其思考死者或死亡，不如多思考一下现实人生"。换言之，孔子在告诫季路"做学问要循序渐进"的同时，还教导他不要把注意力放在"身后的死"上，而应放在"当下的生"上。

倘若茫然生活，则无法体尝人生的真正喜悦。对于被赋予的生命和工作，我们应该不断思考"如何升华它们"。为此，必须一直明确自己该做什么，并极度认真地度过每年每月每日乃至每时每刻。在生活中，我们要时常提醒自己"我是自己人生的主角"。

总之，只要认真度过每一天，便无须过多担心，因为未来会水到渠成。而所谓"准确预见将来"，其实只是"认真度过当下"产生的结果而已。

以爱、真诚及和谐之心为本

稻翁语

《论语》原文

"参乎！吾道一以贯之。"曾子曰："唯。"子出，门人问曰："何谓也？"曾子曰："夫子之道，忠恕而已矣。"（里仁篇）

今译

孔子说："曾参（曾子的名字）呀！我的学说贯穿着一个基本原则。"曾参答道："您所言极是。"孔子走后，曾子的门人问曾子："这是什么意思？"曾子说："夫子的学说，无外乎忠恕之道。"

孔子强调："我的学说贯彻着一个基本原则。"此话多么简单明快且铿锵有力。他口中的原则即"忠与恕"。

"忠"即诚实，而"诚实"即忠于自己的良心。打个比方，假如我们由于某种原因而欺骗了身边的人，即便我们成功后，也没被看穿，但无论如何也欺瞒不了自己的内心。这与世间的法律法规无关。唯有忠于自己的内心，以诚待人，才能称得上是恪守"忠"的活法。

至于"恕"，则可谓孔子思想的精髓所在。简单来说，就是"关怀、体恤他人之心"，即心怀"站在他人的立场思考问题和行事"的温暖善意。这样的善意不掺杂私心，属于"己所不欲勿施于人，己所欲方施于人"的境界。这便是基于"恕"的活法。

可见，孔子把本着"诚实之心"和"关怀之心"的处事方式作为自己的人生之道。

稻翁也说："引导人走向成功的，是爱、真诚及和谐之心。"爱、真诚及和谐之心是人心中的核心和本质之物，属于灵魂层面的东西。其中，"爱"即喜他人所喜之心，"真诚"即为社会和世人尽力之心,"和谐"即不独求自福并愿回向众生之心。这与孔子的上述人生之道几乎如出一辙。

而在《论语·颜渊篇》中,还有如下记述。

子张问:"士何如斯可谓之达矣?"子曰:"何哉,尔所谓达者?"子张对曰:"在邦必闻,在家必闻。"子曰:"是闻也,非达也。夫达也者,质直而好义,察言而观色,虑以下人。在邦必达,在家必达。夫闻也者,色取仁而行违,居之不疑。在邦必闻,在家必闻。"

上述这段话的意思是:子张问:"读书人要怎样才可通达?"孔子说:"你眼中的通达是什么呢?"子张答道:"在朝为官有名声,在大夫的封地工作时一定有名望。"孔子说:"这只是闻(虚名),并非通达。真正通达之人正直且重义,努力理解他人的想法,并顾及他人深层次的感受和心境,且谦虚待人处世。这样的人,不管为哪个国家的朝廷效力,或者在大夫家,都可谓通达之人。而你所说的'闻',只是表面上满口仁义,却言行不一,且以仁人自居而毫不惭愧。这种人做官的时候一定会骗取名望,居家的时候也一定会骗取名望。"

上文中的"闻"指徒有虚名者，而"达"则指"货真价实"之人。孔子对于后者这种"通达之人"的定义，着实令人眼前一亮——孔子指出"真正通达之人正直且重义，努力理解他人的想法，并顾及他人深层次的感受和心境，且谦虚待人处世"。这正可谓"忠恕"，也与稻翁强调的"以爱、真诚及和谐之心待人"相一致。

可纵观现实，直至20世纪末，日本都是一个"学历社会"。在这个"唯学历论""唯智商（IQ）论"的环境下，包括经济界在内的各个领域，都深受其害。

如今的日本社会已不再一味追求智商，还开始重视情商（EQ）了。鉴于此，人们在思考活法时，也不再单纯看"效率"，而是越来越重视"心灵"。

人生·工作的结果＝思维方式×热情×能力

稻翁语

《论语》原文

子曰："不患无位，患所以立。不患莫己知，求为可知也。"（里仁篇）

今译

孔子说："不应该为没有职位而犯愁，而应该为自己是否有资格拥有当下的职位而犯愁。不必担心没人认可自己，去追求足以使别人知道自己的本领好了。"

人生与工作的结果可归纳为"思维方式"、"热情"和"能力"这三者的乘积。

让我们来逐个分析它们。先看"热情"和"能力",它们的数值范围从 0 到 100。由于它们互为相乘关系,因此可知,比起仗着能力过人而懈于努力者,自认能力平平但努力过人者往往更有成就得多。

再来看"思维方式",即"生活态度",其数值范围是 –100 到 +100。可见,不同的思维方式能让一个人的人生与事业的结果截然不同。

若按极端来算,上述方程式的最大值可为 100×100×100 = 1000000,最小值为 100×100×(–100)= –1000000。差距可见一斑。

如上,孔子说:"不应该为没有职位而犯愁,而应该为自己是否有资格拥有当下的职位而犯愁。"这里的"资格",便是指与职位相匹配的"品性"(即稻翁口中的"思维方式"和"热情")以及相应的办事"能力"。

孔子还说："不必担心没人认可自己，去追求足以使别人知道自己的本领好了。"换言之，一个人最终是否被他人认可，取决于其内心"思维方式"导致的实际行动结果。

鉴于此，我们必须在平日里时刻不忘提升自己的"思维方式"、"热情"和"能力"。所以说，对于人生与事业的结果，其实也应该向内求。

稻翁语：以节俭为本

《论语》原文

子曰："以约失之者鲜矣。"（里仁篇）

今译

孔子说："内心节制、处事谨慎之人，其失败的概率很低。"

我们普通人大都如此——一旦钱包富余，就会出手大方起来，觉得"花这点儿钱没关系""犯不着这么小气吝啬"。

而企业亦类似——如果盈利情况不错，其对于经费支出的管理和审核就会变得大大咧咧。于是各部门趋于浪费，频频花不必花的钱，导致臃肿的总经费支出压缩利润。

而正所谓"由奢入俭难"，一旦有过这种花钱大手大脚的经历，再重回"紧日子"可就相当不容易了。

再拿个人生活来说，如果赚得少了，却又不想降低生活水平，就只能靠信用卡分期等办法过日子，从而不自觉地养成这种"超前消费""借债消费"的不良习惯。

企业亦如此——当销售额下滑而导致经营窘迫时，管理层即便想削减各部门的经费支出，往往也很难见效，从而出现"经费不减，赤字不断"的情况。究其原因，是企业此时各部门的浪费习惯已深入骨髓。

鉴于此，一个人的收入也好，一家企业的销售额也罢，无论其处于高位还是低位，当事者和参与者都必须保持节俭意识。不管你是一家企业的高管还是普通职员，竭力减少职场的经费支出，便可谓人人都可从身边做起的"主人翁行为"。

而稻翁提出的"销售最大化，费用最小化"，既是人生的铁则，也是经营的铁则。

而孔子的上述箴言，令人醍醐灌顶。可以将其理解为"重视节俭者，人生少失败"。

拥有坦诚之心

稻翁语

《论语》原文

子曰:"由!诲女知之乎!知之为知之,不知为不知,是知也。"(为政篇)

今译

孔子说:"由(孔子弟子子路的名字)!我教给你对待知与不知的正确态度吧!知道就是知道,不知道就是不知道,这才是真正的智慧。"

所谓坦诚之心，即通过每日反省认识自身不足，并努力改进的谦虚态度。纵观能力出众者、性格刚烈者或自我意识较强之人，其往往听不进他人的意见，即便听了，也会有抵触情绪，出口反驳。但反观真正的进步型人才，却往往有一颗坦诚之心，虚心接受他人意见，且时常反省并懂得审视自我。而正所谓"物以类聚，人以群分"，拥有这般坦诚之心的人，其周围也往往是具备类似品格之人，因此得道多助，事事顺利。

对我们提出意见的人，其实是我们的贵人。即便有时意见的内容辛辣刺耳，我们也要学会宽容和虚心，要视各种意见为"有助于自己成长的肥料"。

孔子的上述箴言让我联想起古希腊哲学家苏格拉底的名言："自知无知。"当时希腊有"阿波罗神谕"，就连当时的希腊当权者都视它为不可置疑的圣典。而该神谕承认苏格拉底是"最有智慧的人"。即便如此，苏格拉底本人毫不骄傲、跋扈，并坦言"自己通过与真正智者的交谈，明白了自身知识体系的不足"。

基于这样的谦虚态度，苏格拉底留下了"自知无知"的哲学金句，并指出"从自知无知这一点来看，我或许比那些自称无所不知的人稍微高明一些"，乃至延伸出了"与其误以为自知，不如明白自己无知。探求真知，始于自知无知"的结论。而苏格拉底的该理念，其实与稻翁的"拥有坦诚之心"的主张本质共通。

另外，"坦诚之心"并非一味被动的态度，有时也需要像上面孔子教育子路那样，"想他人所想"地发表自己的意见。

举个例子，假设你所在的职场有这么个上司或下属——其不知基层情况，却偶尔因为恰巧碰到自己略懂的事情或业务而得意扬扬，甚至还嘲笑别人"连这个都不懂"。

遇到这样的上司或下属，如果你为了不得罪对方而默不作声，就会助长其虚张声势的气焰，结果不管对你自己、对其本人还是对整个公司，其影响显然都是负面的。所以此时必须不怕得罪人，敢于直言相告，提醒其"自知无知"。如此一来，便能引发建设性的讨论，提高彼此的素养和境界，从而提升工作质量和效率。这样的话，不管对你自己、对其本人还是对整个公司，都是好事儿。

　　换言之，我们自己的坦诚之心还能唤起他人的坦诚之心。因此永远不要忘记坦诚待人。

稻翁语 人生须时时反省

《论语》原文

子曰:"君子求诸己,小人求诸人。"(卫灵公篇)

今译

孔子说:"君子反省自己。小人却从不在自己身上找原因,而是一味责备别人。"

如果希望进一步提升自己的人格和品性,就必须严格反省自己平日的判断和行动,审视它们是否"有悖做人的道理"、是否"存在骄傲自满",进而督促自己改进。换言之,一个人若能回归初心,反复告诫自己"莫作恶""莫卑鄙",就能大幅降低犯错的概率。

话虽如此,但每天忙于工作事务的我们,往往容易迷失自己。为了避免如此,我们必须有意识地养成反省的习惯。每日三省吾身,有错及时改正,从而提升心性。

如上文所述,孔子说:"小人却从不在自己身上找原因,而是一味责备别人。"这种人的心理是怎样的呢?先以企业经营者为例,不少人十分执着权力等,认为"我起炉灶养活一帮人,所以连炉灶里的灰也是我的东西"。若是企业的创始人,他会自视甚高且溺于私欲,认为"所有员工都必须对我言听计从""我是企业创始人,自然是特别的、非凡的""公司的规章之类,对我可以例外""我偶然搞搞公私混同也没关系"。此外,一些员工也会犯类似毛病——"希望拥有特权""希望领导对我特别关照",或者由于过于自信自负而出岔子。

每个人的心中都有一面反射自己的明镜，可这面镜子会因为自私自利的欲望而脏污模糊，从而会影响自我判断。反之，若能时常用自我反省这块"擦镜布"清洁心灵的镜面，便能作出正确判断，提升人格和品性。

2 成长篇

稻翁语 追求人类的无限可能性

《论语》原文

子夏问曰:"'巧笑倩兮,美目盼兮,素以为绚兮'。何谓也?"子曰:"绘事后素。"曰:"礼后乎?"子曰:"起予者商也,始可与言《诗》已矣。"(八佾篇)

今译

子夏问道:"'巧笑倩兮,美目盼兮,素以为绚兮',这几句诗是什么意思呢?"孔子说:"好比画画时,先有白色底子,然后画花。"子夏说:"这么说,是不是礼乐的产生在仁义之后呢?"孔子说:"商(子夏的名字)啊,你都能启发我了,看来我可以与你探讨《诗经》了。"

在企业经营活动中，能求新出新的人，往往是相信自己拥有无限可能性的人。反之，若仅仅基于当下能力判断"做得到""做不到"，就无法挑战新事物或攻关难题。

同时这样的人具备谦虚精神和执着信念，敢于亲自应对一切困难。对于拥有这般精神信念的人，我们称之为"革新者"。在面对亟待解决的难题时，他们绝不会借机临阵脱逃，而是直面它、应对它。

其中，"无论如何都要成功"的韧劲儿和信念，是冲破阻碍的关键所在。此外还有一点很重要，那就是"不被先入为主的想法和固有观念所束缚"，要以坦诚之心审视问题，并不忘多角度分析。前面讲过，偏见和利己心会脏污为我们判断事物的"心镜"。

另外，我们还要戒骄戒躁，切忌急功近利，应该保持认真洞察现实情况的那份纯粹和虚心。如此一来，便能避免被蒙蔽，从而提高成功解决问题的概率。

人的能力会因不断努力而无限扩展，因此我们必须对自己所拥有的"无限可能性"深信不疑，并应该鼓起勇气、敢于挑战。当年白手起家的京瓷，能发展成今日的跨国一流大企业，恰恰证明了这一点。

子夏问孔子的那句诗，可意译为"嘴角笑容可人，明眸黑白分明——这样的丽人，即便不化妆也很美"。而孔子则对该诗句进行了引申解释，他以绘画为例，指出"（丽人）若是化妆，则会愈发动人"。

而听了这番话的子夏则悟到了"礼"——"如果拥有诚实之心，再通过学礼来提升自己，便能真正成为坦诚的谦谦君子。反之，若缺乏诚实之心却去学礼，则毫无意义"。换言之，子夏等于是找到了磨砺天生资质的方法。这让孔子感到欣慰，于是对子夏说："看来我可以与你探讨《诗经》了。"

可见，人人都拥有无限可能性。每当尝试挑战新事物和新任务时，我们的这种资质就会得到磨炼，潜力也会获得发掘。鉴于此，我们只要怀揣"无论如何都要成功"的强烈愿望和坚定信念，再加上诚实和不懈的努力，就必能取得卓越成果。

稻翁语：认真努力，埋头苦干

《论语》原文

　　叶公问孔子于子路，子路不对。子曰："女奚不曰，其为人也，发愤忘食，乐以忘忧，不知老之将至云尔。"（述而篇）

今译

　　叶公问子路："孔子是个怎样的人？"子路没有回答。孔子说："你为什么不回答？你应该说，他这个人发奋努力，废寝忘食，乐至忘忧，自不知老。"

"发奋努力，废寝忘食"是怎样一种状态？这是一种勤勉奋进、处事真诚、专注当下、埋头苦干的态度。

我们打心底涌出的真正喜悦，其实来自辛勤的工作。反之，若工作马虎，沉迷于玩乐和爱好，则无法获得真正的喜悦。后者或许能让人得到一时的快感，但工作在一个人的人生中占有很大的比重，因此若不能从工作中获得充实感，便无法填满空虚。可见，在通过认真努力、埋头苦干而取得一定的成就时，其莫大的喜悦感是其他任何事情都无法相比的。

让我们再来分析孔子的上述这段话。据说孔子说出这段话时已是64岁，当时他还在周游列国。这段话并非孔子对其弟子子路的愤怒责难，而是想再一次向弟子阐明自己的活法而已。

"发奋努力，废寝忘食，乐至忘忧，自不知老。"这种"活在当下、燃烧自我"的强烈意志，已然融入孔子的活法之中。

认真努力，埋头苦干；燃烧自我，慷慨奋进，这样的工作和生活态度能够带来什么？孔子也好，稻翁也好，他们都从自己的实际经验中获得了答案。

成长篇

稻翁语:脚踏实地,坚持不懈

《论语》原文

子曰:"吾尝终日不食,终夜不寝,以思,无益,不如学也。"(卫灵公篇)

今译

孔子说:"我曾经整天不吃饭、整夜不睡觉地冥思苦想。结果并没有什么收获,还不如去学习。"

拥有远大梦想和愿望的确重要。

但哪怕目标再大，一旦落实到日常工作中，也必须脚踏实地，认真从事看似枯燥的作业。有时或许也会由于梦想和现实的距离而感到困惑和烦恼。

可无论在哪个领域，要想创造卓越成果，就少不了反复的改进和改良，以及基础实验和数据收集——这种看似不起眼的坚持和努力十分关键。

稻翁强调"每天都要进行核算"。换言之，在他看来，企业经营不可简单根据每月月末的核算表进行判断。

月末核算表是根据每天的销售额和经费支出制作出来的，它是每天详细数据的累积，即"日度情况的月度汇总"。稻翁早就认识到了这一点，因此指出"如果没有每天进行核算的意识，成功就不会如期而至"。

的确，经营企业却不看每日核算数字，就如同开飞机不看仪表盘一样。如此一来，飞行员就不知道飞机要飞向哪里，也不清楚飞机在哪里着陆。

同理，如果在经营企业时忽视每天的相关数据和细节，则绝对无法实现所制定的目标。因为每日核算表是每名员工每天的态度、行为和工作方式的累积和反映。

要在工作中抱有"每天进行核算"的意识其实相当不容易。这里也要靠"坚持和积累"，即要通过脚踏实地的努力来进一步强化和明确"目标必达"的信念，从而把梦想变为现实。

再来分析孔子的上述箴言，其中的"学"是指"读书习得知识，不懂问师求教"，而非"没头没脑地自学研究"。换言之，孔子重视"从师受教"这一基础学习行为的积累。若轻视这样的基础积累而好高骛远地挑战自己感兴趣的领域，则难有成就。

此外，在《论语·为政篇》中，孔子还有如下箴言。

子曰："攻乎异端，斯害也已！"

孔子说："研习圣人之道以外的异端学问，得到的只有弊害而已。"

这里的"攻乎异端",除了学习异端邪说的意思外,还可延伸为"在学习时无视基础,一味喜新厌旧"。

我们再试着把这句话延伸到当今职场中。比如,一家公司里有位年轻职员,其未经深思熟虑便冲动草率地发表意见:"我们公司的企业文化和经营方针限制了我的自由发挥。"与之类似的话,在不少的职场年轻人当中都能听到。

这名年轻职员以"自己的自由发挥"为基准,把公司长年打造的企业文化和传统全盘否定。这种思维是短视的、武断的,其心理活动是"我有自己的想法和目标,为了实现它,一切应为我服务,乃至为我破例和搞特殊"。

这位职员明明可以选择孔子提倡的方法论,即"在学习先例的基础上,摸索自己的思维方式",可这位员工却没有,而是一味强调自己的自由。究其原因,是由于其缺乏积累的意识以及沉稳和耐性。

进一步来说,上述例子中的年轻员工并未真正领会自己公司的理念和文化。假如理解,其势必不会空泛鲁莽地一味否定和批判，而是会在思考分析先例的基础上，提出具体的改进建议。

若无每日积累，则伟业无法成就。换言之，伟业和成功的背后，必然是脚踏实地的努力。

稻翁语：怀有感谢之心

《论语》原文

颜渊问仁，子曰："克己复礼为仁。一日克己复礼，天下归仁焉。为仁由己，而由人乎哉？"（颜渊篇）

今译

孔子的弟子颜渊问："什么是仁？"孔子说："克制自己的私欲，使自己的言行符合社会规范就是仁。若能做到这一点，天下的人都会称许你是仁人。要践行仁，全凭自己，还凭别人吗？"

"感谢之心"是稻翁所提出的"京瓷哲学"的关键词之一。

在我看来,这是最为重要的心态。在前面提到的六项精进中,也有一项叫"活着就要感谢"。

一家企业倘若缺乏"感恩"和"人和",便不可能作出让顾客欣喜的产品。因为产品是企业员工心境的反映。显然,在一家充斥着个人主义的企业里,自然不会有"人和"。

不管我们从事何种工作,隶属哪家企业,若没有消费者、客户、同事、家人和朋友的支持,就没有我们的现在。一切都不是光靠自己就能成的。若刨根究底,要是没有我们的父母,就根本没有我们的诞生和存在。

如果缺乏这种感恩意识,"人和"便如空中楼阁。

再看孔子对弟子颜渊的上述教诲。如果将孔子的回答结合当代职场环境,就可意译为"抛弃私欲而为公的道德意识便是仁""如果每名员工都实践这种仁,则公司也会出现良性转变"。至于孔子口中的"为仁由己,而由人乎哉?",则可理解为"仁并非他人的问题,而应发自自己内心""对熟客和上司毕恭毕敬，对生客和下属却态度怠慢，这种区别待人的做法与仁相悖"。

我们可以趁机自我反省，想想自己在职场中是如何待人的。是否里外不同？是否外好内坏？

纵观不少后来曝出问题的初创企业和中小企业，它们虽然表面光鲜亮丽，但内部却情况堪忧。

以某家曾一度急速成长的初创企业为例，其董事长给外界的印象是能力出众。可在董事会议和经营会议等内部场合，他总是凶神恶煞，对下属又是责问又是辱骂，且无视合理流程，一味追求短期的利润率和业绩，甚至到了变态的程度。搞得与会者个个战战兢兢、如坐针毡。

若该董事长是在为顾客着想而努力打拼，且对员工是合理的严格要求，那还能让人接受。但上述情况却令人不禁怀疑会议本身的效果。换言之，在这样的开会氛围中，肯定不会出现富有建设性和创造性的自由讨论，甚至原本应该顺利的议题也会被搞砸。凡事由小见大，连开个会都这样，公司最后自然会遭到全社会的非难。

假如该企业的董事长能对下属及合伙人由衷地心怀感谢，其结果会怎样呢？假如该企业的董事长能对下属和亲信态度坦诚，虚心听取他们的谏言，其结果又会怎样呢？

可见，无论如何都要不忘对周围一切怀有感谢之心。以感谢之心带头构建互信关系，才是推动工作之关键。

稻翁语: 塑造独立的人格

《论语》原文

子曰："见贤思齐焉，见不贤而内自省也。"（里仁篇）

今译

孔子说："见到贤人，就应该努力向他看齐；见到不贤的人，就要反省自己是否也有类似不足。"

纵观创业者和中小企业家，其中不乏精力充沛之人。他们商业嗅觉灵敏，兼具出众才能和敏锐直觉。可即便如此，其中真正取得巨大成功的人却是少数。

这是为什么呢？因为他们大多只靠自己的天赋和能力，这两点当然是取得成功的重要资质，但光靠这两点的话，则无法杜绝失败的发生。

此外，不少初创企业的经营者过于自信，总试图只靠自己的直觉天赋来取得成功，于是不断涉足风险较大的业务或项目。结果呢？哪怕取得了一时的成功，但由于刚愎自用，往往难以实现可持续发展。

与之相对，有的人则懂得如何正确运用自己的天赋和才能，这些人就是我们常说的"德才兼备之人"。这样的人不会盲目偏执地为才所累，而是坚持提高心性，懂得用自己的品格来驾驭自己的才能。

话虽如此，几乎没有人生下来便是具备均衡的君子。为了接近这种君子的境界，必须靠后天不断努力，关键要像孔子说的那样，坚持学习和反省，不断提升自身的人格和心性。

贤者也好,小人也罢,都是帮助我们自审自省的镜子和良师。要想让事业长青,才能固然重要,但最重要的是具备"三人行必有我师"的谦虚精神,以及自我磨砺人格的顽强毅力。

稻翁语: 贯彻完美主义

《论语》原文

子曰:"加我数年,五十以学易,可以无大过矣。"(述而篇)

今译

孔子说:"如果让我多活几年,哪怕从五十岁才开始学习,我也能不犯大的过错。"

在工作中，一旦顺利完成了90%，大多数人便会满足于此，觉得"已经可以了"。有的人在处理上司下达的任务时，思想和态度不够重视，认为"错了可以重做"，似乎就如橡皮擦掉错处一般轻巧。可如此一来，便绝对无法获得让自己以及周围人真正满意的结果。

在科学实验中，即便99%的环节完美，只要1%的细节有误，其结果往往就会被全盘否定。几乎所有的科学家都有过这种"卡在最后1%"的痛苦经历。他们深知最后1%的错误足以"致命"，但依然勇敢挑战和尝试。

而在一些情况下，由于最后的1%不到位，真的会出人命。比如"姑且能抗一定地震震级的楼盘"，要是地震真的发生了，谁敢保证它不塌？这种楼盘自然毫无价值。为此，几乎所有的建筑设计师在设计时都会秉持着"追求完美"的态度和原则。

而多数企业也有类似的情况。比如某制造商的某个部门付出了99%的努力却偷了1%的懒，结果导致失去订单或生产出次品，甚至还会出现因为一次失误而导致公司信用尽失而陷入破产的情况。鉴于此，哪怕只是为了让自己已经付出的努力不白费，我们也要把关到最后，并在工作中培养完美主义的意识。

要求自己追求和贯彻这种完美主义，起初或许会觉得辛苦，可一旦养成习惯，便会不以为苦。这就像火箭上天，一开始因为要摆脱地球引力而需要莫大的能量和消耗，可一旦进入轨道，几乎不需要能量助推便能自动运行。养成追求完美的习惯的过程也与之相似。

再回到孔子的上述箴言，以前有不少学者将原文中的"易"译为《易经》，这样这句话就成了"再给我数年时间，让我五十岁开始学习《易经》，我便可以没有大的过错"。但从易学的角度考量，在孔子生活的那个时代，据说易学的书籍文献还不存在。再加上古汉语中的"易"通"亦"，后者意为"再，哪怕"。所以目前日本的学界主流将其译为"哪怕从五十岁才开始学习"。在古代，50岁已是高龄。但孔子为了完善自己的学问，表现出了这种努力"活到老学到老"的精神。

工作亦是如此，不可以"躺着睡大觉"。所以说，我们必须向不懈追求学问的孔子学习，为了追求完美而不断努力和精进。

稻翁语: 直言相谏

《论语》原文

子游曰："事君数，斯辱矣；朋友数，斯疏矣。"（里仁篇）

今译

子游说："对待君主，若进言唠叨啰唆，则会受到厌恶乃至侮辱。与朋友相处亦如此，如果太过烦琐，也会受到厌恶乃至被疏远。"

要想负责地将工作完成到位，所有参与者都需要开诚布公，并能直言不讳地指出彼此的问题和缺点。换言之，决不可一味地"一团和气"，而必须坚持以"对待事情的正确态度"为基准，彼此推心置腹且认真彻底地开展讨论，否则难出成果。

有的人明明发现了工作中存在的问题或缺陷，却因"害怕得罪人"而缄口不言，甚至自以为"自己在坚守团队的合作精神"，这实在是愚昧至极。所以说，有时就需要彼此唾沫横飞，直言不讳。因为这样有助于加深信赖关系和提高工作质量。

但要注意的是，如果在这样的场合心生私欲，觉得"在大家面前指出这个问题，我就能够引人注意""在这里表达意见，搞不好我就能升职加薪"……若基于这样的"表演"目的，说出的话便无法真正打动人心，而且还会被正直之人轻易识破。

鉴于此，子游的上述箴言可意译为"在指出对方缺点时，若不是心怀诚意地直言相谏，则会破坏双方的和谐关系，乃至分道扬镳"。

　　该箴言不仅适用于职场,也适用于生活。总之,不管对同事还是朋友,要想真正促进彼此的和谐关系,就必须不忘直言相谏。

成长篇

稻翁语 描绘梦想

《论语》原文

　　子路宿于石门。晨门曰:"奚自?"子路曰:"自孔氏。"曰:"是知其不可而为之者与?"(宪问篇)

今译

　　子路在石门住了一宿。早上守门人问他:"你从哪里来?"子路说:"从孔子家来。"守门人问:"就是那位明知自己做不成却还要去做的人吗?"

现实是严酷的，哪怕只是想过好每一天，对我们来说，都是不容易的事。但在这种情况下是否依然能放眼未来、描绘梦想，则将左右我们的人生。换言之，关键要对自己的人生和事业抱有远大梦想和目标。

就拿稻翁来说，当年他创业之初，就描绘出了宏大的梦想蓝图——先要成为西京原町（京瓷公司的诞生之地）第一，接着成为京都第一，然后是日本第一，乃至成为世界第一的企业，并且一直为之付出不懈的努力。可以说，京瓷能有今天，其原因之一便是"持续怀揣远大梦想"。

再来看上述守门人对子路说的那最后一句话，其含义为何呢？有人将其解读为一种嘲笑，即"不自量力的愚人"，但其实并非如此。守门人的此话，包含着一种对孔子的敬畏之情。

假如一个人只做事先百分百有把握做成的事，那还不如什么都不做。如果一件事"任谁都能做"，则无法体现自己的价值，因为随便拉个人去做就行了。所以说，唯有挑战似乎不可能的梦想和目标，才是人生的真谛所在。

鉴于此，我们应该胸怀远大梦想，并为了持续追梦而每天认真努力。这会让人感到活着的价值和充实的喜悦。

稻翁语 突破障碍

《论语》原文

子曰:"苗而不秀者有矣夫。秀而不实者有矣夫。"(子罕篇)

今译

孔子说:"庄稼有只长苗而不开花的。花中有只开花却不结果的。"

据说孔子有弟子三千。但他们并非个个都学问通达，德行出众。对教书育人的难度深有体会的孔子，便道出了上述肺腑之言。与此同时，这句话也包含了孔子对弟子们的热切期望和鼓励，即"要拼命努力，突破眼前的障碍"。

成功者与失败者之间只有"一纸之隔"。纵观失败者，其中其实也不乏坦诚热情、埋头工作之人。他们在这方面的特质与成功者无异。

即便如此，不同的人还是得到了不同的结果——有的人成功了，有的人却失败了。二者的差异不过是一张薄纸的距离，但能否突破这张纸，就成了个人努力的关键所在。具体来说，靠的是韧劲儿、忍耐和"要做就做到底"的执着和努力。

失败者一旦碰壁，便早早地在心中下了放弃的结论——"我无法突破它"，从而给自己找各种体面的理由来"自我劝退"。可见，倘若一个人用固有观念把自己"限定死"，则无法突破障碍和取得成功。反之，要想取得成功，就必须先打破自己心中的固有观念和"心墙"。

一旦我们打破了心中的这面墙，便能获得自信，自己的韧劲儿和忍耐力也会提升，进而进入"突破更大障碍"→"收获更大成功"的良性循环模式。

稻翁语：抱有渗透到潜意识之中的强烈而持久的愿望

《论语》原文

子曰："譬如为山，未成一篑，止，吾止也。譬如平地，虽覆一篑，进，吾往也。"（子罕篇）

今译

孔子说："好比堆土成山，只差一筐土就成功了，如果停止了，是我停止。又好比平地堆土成山，纵是刚刚倒下一筐土，如果应该前进，是我便前进的。"

要达成远大目标，首先要抱有"我希望这样或那样"强烈而持久的愿望。拿企业经营来说，开发新品、争取订单、提高合格率……不管哪个课题，"无论如何都要成"的强烈心愿都是先决条件。

愿望应纯粹而强烈，要做到"睡也思，醒也想"。如此一来，其必然会渗透到潜意识之中。即使在我们入睡时，潜意识也在活动。这种强大的下意识的力量，能助力我们实现愿望。

此外，目标不可止于宣传和强调，为了实现它，我们必须经过深思熟虑并具备"无论如何都要成"的强烈意志，这才是成功之始。

另外，稻翁还指出"企业经营取决于强烈的意志"。

在他看来，经营即意志（will），也就是"一旦认定，就实行到底"的坚定决心。无论发生什么状况，无论面对什么困难，都不给自己找借口，这种"目标必达"的精神最为重要。道理很简单——再怎么去思考分析没能达成目标或计划的理由或原因，也是毫无意义之举。

孔子的上述箴言亦同理。其可意译为"确立了目标，但事态仍然不见起色的话，则说明自身的努力不足、干劲不够"。

在最后的关键时刻松懈，只能说明当事者的耐性不够。换言之，即便之前一直努力得很到位，可若在这只差一步的关头心生放弃的念头，则会功亏一篑。可见，所有成败的分水岭都在这"最后一步"的冲刺阶段。

《论语·子罕篇》中也有类似的一段话。

颜渊喟然叹曰："仰之弥高，钻之弥坚。瞻之在前，忽焉在后。夫子循循然善诱人，博我以文，约我以礼，欲罢不能。既竭吾才，如有所立卓尔。虽欲从之，末由也已。"

上文的意思是：孔子的弟子颜渊嗟叹道："我抬头仰望老师的道德，越望越觉得高；努力钻研老师的学问，越钻研越觉得深。觉得老师一直在前头引领我，可有时他又忽然在后面守护我。老师善于引导，用书籍丰富我的知识，用礼节约束我的言行。让我想要停止学习都不可能。我已经用尽我的才能，似乎能够独立地工作。要想再向前迈进一步，又不知怎样着手了。"

据说颜渊是孔子最中意的弟子。由上文可知，颜渊对孔子的观察是多么细致入微。孔子是因材施教的典范。而即便如颜渊这般熟悉孔子之人，依然觉得孔子高深莫测。

哪怕是颜渊这样的得意门生，都说"孔子是自己永远追不上的老师"。这既是"一生比不过恩师"的谦虚之言，同时也体现了他"希望达到老师的境界和水平"的强烈抱负。

我们也应如此——或许自己的目标会遭到别人的奚落和嘲笑，但能将目标实现的不是别人，而正是我们自己。若没有"无论如何都要实现"的坚强意志，又怎能将成功收入囊中呢？而一旦放弃，便是梦想终结之时。

稻翁语 读书开阔视野

《论语》原文

子曰："我非生而知之者，好古，敏以求之者也。"（述而篇）

今译

孔子说："我不是生来就有知识的人，而是爱好古代文化、勤奋敏捷去求得知识的人。"

关于阅读的必要性，稻翁曾说："读书并非只为娱乐，而应视其为一种提升自我的积极手段。"关键要养成读好书的习惯，并充分咀嚼和消化书中的内容，从而为己所用。

"要多读点儿书"——这样的劝言想必许多人都已经听得耳朵长茧了，可大多数人往往会以"工作太忙"等为由而不去实践。反驳这些理由的道理其实也显而易见——时间是靠自己挤出来的。

据说，即便在忙于工作而晚归时，稻翁仍然会坚持腾出时间阅读。他会在床上看书、在泡澡时看书。到了休息日，他甚至会看一整天书。听说他尤其爱看有关中国古代典籍和哲学思想方面的书籍，对里面的内容也是如数家珍。

人生最重要的学习方法是"以实际经验为师"，而阅读则能赋予经验更深的意义。

此外，通过阅读还能了解自己未曾亲身体验过的事情，习得相关知识，从而拓展我们的视野，有助于我们作出判断。

所以说，我们应不忘遵循孔子"积极学习先人典籍"的态度。将自己的直接经验和通过阅读获得的间接经验予以有机结合，并相互交织，成为我们的精神支柱，助力我们取得成功。

稻翁语 深思熟虑到"看见结果"

《论语》原文

子曰:"不愤不启,不悱不发。举一隅不以三隅反,则不复也。"(述而篇)

今译

孔子说:"教导学生,不到他想求明白而不得的时候,就不去启发他;不到他想说出来却说不出的时候,就不去启发他。为其举一,如果对方做不到反三,就不用再教他了。"

我们在工作时，必须在客观准确把握现实情况的基础上，深思熟虑到"看见结果"。这在一开始可能相当不易，但随着逐渐习惯，随着反复在脑中模拟梦想和愿望的情景，我们的思维方式就会发生改变。如此一来，梦想与现实的界限就会消失——对于明明还没做的事，却有了然于心的完成感，从而渐渐萌生"我能"的自信。这便是所谓"看见结果"的境界。

反之，若没能这样深思熟虑到"看见结果"，从事尚无先例的事业也好、创造性的工作也好、困难重重的项目也好，都无法获得成功。

上文中孔子的教育理念十分严苛。简单来说，他反对"由上至下的单纯灌输"，认为"唯有懂得思考和反馈的学生才值得教"。可以想象，对于当今不少"对上司的话不加疑问地言听计从"的公司职员，孔子若还在世，肯定会嗤之以鼻。

假设自己在工作中碰壁了，此时如果立刻去找上司求教，则完全无益于自身成长。应该先独立思考一下"自己该怎么办"。如此一来，势必会得出若干选项，从而逐渐"看见结果"。这时再去请教上司，由于自己深思熟虑后，备好了几种选项，加上上司给予的建议，就等于在进行"看见结果"和"举一反三"的训练，从而对于"结果"看得愈发透彻。这般持续的正反馈，最终会成为自己的心得和财富。

稻翁语:把自己逼入绝境

《论语》原文

冉求曰:"非不说子之道,力不足也。"子曰:"力不足者,中道而废,今女画。"(雍也篇)

今译

孔子的弟子冉求说:"我并非不愿实践老师的学说,只是我的能力不足。"孔子答道:"能力不足之人,难免中途受挫。但如今你是自己画地为牢,不肯前进。"

人生不如意，十有八九。可即便遭遇困难，也绝不可放弃和逃避。在身处绝境、挣扎痛苦之时，若依然保持着力图克服困难的坚强意志，则必能拨云见日。而解决问题的头绪，往往就藏在看似理所当然却被忽视的盲区。

孔子的上述箴言可以归纳为"人的极限是自己设定的"。当事者一旦自己认为"已经没戏了"，则胜负的结果便几乎已成定局。同理，如果在战斗之前就觉得"自己赢不了"，那就等于无可救药了。此外，只知一味罗列"做不到的理由"的人，往往都对自身能力缺乏明确认识。

鉴于此，无论面对何种困难，都要以认真的态度去直面它。日本有句俗话叫"火灾现场的怪力"，意思是在极限状态下，人会拥有平时不可想象的超强瞬间爆发力。利用这个道理，我们有时需要故意把自己逼入绝境，从而激发出足以吓到自己的"超能力"。

纵观历史，也有这种自断退路、背水一战的成功实例。

公元 1066 年，法国的诺曼底公爵威廉率领着一支仅有 15000 人的军队，对英格兰发动进攻。当时军队的战船渡过多佛尔海峡后，威廉下令将自家战船全数烧毁。这令他的部下大惑不解，因为如果把船都烧了的话，军队就回不了法国了。但在威廉的命令下，大家还是把船都烧了。当时，眼见自己军队的船只逐渐化为灰烬，士兵们心生"唯有打赢，否则再无生路"的坚定决心。

于是，在威廉公爵"我们只能前进，大家生死与共"的鼓舞下，他们成功击败了十倍乃至数十倍于自己的英格兰军队。威廉公爵最终在1077年统一了英格兰，成为名垂史册的"征服之王"。这段历史故事告诉我们"自断退路""决心必胜"的重要性。

人一旦生活安稳，就会自然地贪图安逸。正因如此，我们必须具备"时刻把自己逼入绝境"的觉悟。毕竟人往往是自己框死自己。

总之，若能时常保持"决不后退""背水一战"的精神状态，就一定能出成果，而挡在我们面前的困难也会显得愈发渺小。

以纯洁的心灵描绘愿望

稻翁语

《论语》原文

季康子患盗，问于孔子。孔子对曰："苟子之不欲，虽赏之不窃。"（颜渊篇）

今译

季康子为自己国家盗窃案件多发而苦恼，故向孔子求教。孔子对他说："如果您自己不贪，百姓就会受您的影响。如此一来，哪怕您悬赏鼓励百姓行窃，百姓也不会去那么做。"

若不用纯洁的心灵描绘愿望，则无法取得卓越的成功。哪怕愿望再大再强，若出于私欲私利，则绝无可能长久。

正所谓"得道者多助，失道者寡助"，以悖于世间道理的动机为基础的愿望或欲求，其越是强烈，便越会导致与社会及众人之间的摩擦和冲突，其结果只能是惨痛的失败。

因此若想持续成功，描绘的愿望也好，怀揣的热情也好，都必须是纯洁的、高尚的。换言之，对于渗透到潜意识之中的愿望，必须讲究其"质量"。

下面来分析孔子的上述箴言。从孔子的话外之音来看，季康子可能自身存在着诸多问题。他恐怕是一位用苛捐杂税压榨人民、中饱私囊、自私自利的为政者。国家的最高权力者如此执政，人民生活势必苦不堪言，于是自然会导致盗窃犯罪猖獗。

如果季康子依然老方一贴，则其国内的盗贼还会不断增加，恐怕连监狱都要关不下了。换作你的话，又会采取怎样的治理措施呢？办法或许有许多种，但"增建监狱"绝对是昏招。孔子肯定会谏言"尽早改革政治，减少犯罪，让国家甚至不再需要监狱"。此外，对于"因为罪犯增加而增建监狱"的做法，孔子势必会嗟叹"此乃国家之耻"。

简单来说，孔子上述箴言的中心思想是"居上位者，须先纠正自己的行为"。正如孩子是反映父母的镜子，国民是反映统治者的镜子。在公司里，员工便是反映首席执行官（CEO）和总经理（COO）的镜子。

而在《论语·宪问篇》中，还收录了孔子和子路如下的一段问答。

子路问成人，子曰："若臧武仲之知，公绰之不欲，卞庄子之勇，冉求之艺，文之以礼乐，亦可以为成人矣。"曰："今之成人者何必然？见利思义，见危授命，久要不忘平生之言，亦可以为成人矣。"

这段话的意思是：子路问孔子："怎样才算是完人？"孔子答道："像臧武仲那样有智慧，像孟公绰那样无欲，像卞庄子那样勇敢，像冉求那样多才多艺，再用礼乐来成就他的文采，就可以算一个完人了。"过了一会儿，孔子又说："不过如今对于'完人'的标准有所改变，所以很难再这样定义。总之，在追求利益时能贯彻正义和善念，遇到危险时肯付出生命，经过长久的穷困日子都不忘记平日的诺言，也可以算是完人了。"

上文中，孔子列举了"完人应有的品质"，而且还以子路谋面过的人物为例予以说明。虽然孔子坦言"世道基准已变，自己也不太清楚"，但他依然对"完人"应有的一些品质坚信不疑，这些品质包括"求利有道"的原则、"舍命为主"的仁勇、"不忘承诺"的信义。

此外，孔子的上述箴言还集中体现了他阐述理想但又直视现实的灵活思维。不被既有概念所束缚，在充分审视现状的前提下思考应对之策——这是领导者所需的关键特质。

另外，孔子口中的"在追求利益时能贯彻正义"，与稻翁所强调的"以纯洁的心灵描绘愿望"可谓如出一辙。

总之，出于私欲，往往事与愿违；基于道义，往往心想事成。企业领导的愿望境界如何，将会决定公司的发展前途。

稻翁语:重视伙伴关系

《论语》原文

子曰:"鄙夫可与事君也与哉?其未得之也,患得之;既得之,患失之。苟患失之,无所不至矣。"(阳货篇)

今译

孔子说:"怎能和那些品性卑劣之人共侍君主呢?在地位低微时,他们总担心得不到官职;得到官职后,他们又怕失去。为了保住自己的官职,他们什么都干得出来。"

稻翁自创业以来，就旨在京瓷培养心灵相通、彼此信赖的伙伴关系，并以此为公司运作之基础。在他看来，企业经营者与员工之间并非上下的"纵向关系"，而是为同一个梦想一起奋斗的"横向关系"，也即志同道合的协作关系。

这成了京瓷得以发展壮大的原动力。正因为其公司内部有这种彼此开诚布公的坦荡之交，有这种彼此深刻理解和高度信赖的坚强纽带，才有了京瓷的今天。

再看孔子的上述箴言，其在当今日本社会依然具有很强的现实意义。不少人为了获取权力和地位，不惜低三下四、行贿他人、搞阴谋诡计……甚至出卖恩人都在所不惜。

对于这种自私自利、背叛他人、不知礼义廉耻之徒，孔子称之为"鄙夫（品性卑劣之人）"。而且这种品性卑劣之人一旦拥有权力，追随他的亲信手下也势必是一群卑劣小人。

不守信义、一味利己的品性卑劣之人，其自然不可能与众人构建起真正的伙伴关系。鉴于此，不仅在职场和生意场上，包括生活中的各个方面和场景在内，我们都应该重新审视自己与他人的"横向关系"。

中国古书《易经》亦有曰:"方以类聚,物以群分,吉凶生矣。"意思是"来自不同方位的种群以类相聚,天下万物以群相分,因此产生了吉与凶"。

顺便提下,上文后来演变为"物以类聚"的说法,而这便是日语谚语"同类聚为友"的语源。

3 事业篇

稻翁语:成为旋涡的中心

《论语》原文

子曰:"道之以德,齐之以礼,有耻且格。"(为政篇)

今译

孔子说:"如果用道德来引导百姓,用礼教来约束百姓,百姓不但会有廉耻之心,而且人心归服。"

一项工作不可能仅靠自己单打独斗完成，其往往少不了上司、下属以及周围人的协助推进。

由此可见，唯有通过自己积极主动的工作态度带动周围人出手相助，否则很难获得高质量的工作成果。换言之，职场需要能够在工作方面"成为旋涡的中心"的人才。

大家可以结合实际，客观分析一下自己所处的职场情况——想必会在各个部门或科室或多或少地发现一些可谓"旋涡中心"的工作积极分子吧。如果你自己从不成为"旋涡中心"，只是一味被其他"旋涡中心"人物所带动的话，那么可以说你"尚未体会过工作带给人的真正快乐"。倘若如此，你就需要抛弃诸如"少做少错，无责无过，安于现状"的消极思维。

其实，上述积极思维和消极思维之间仅有一纸之隔。要突破这一纸之隔，我们首先要决心"自立"，并发愿"要让自己成为旋涡的中心，从而造福同事和公司"，然后要积极地把周围人卷入自己的旋涡，从而推进工作。如此一来，自己的视角和见解就会发生奇妙的变化。但此时必须牢记孔子强调的"道德"和"礼义"。如果能在待人接物时铭记这两点，自然就能获得周围人的支持。

想要真正地体会"工作的喜悦",就要下决心"成为旋涡的中心",然后一步步地付诸行动。如此一来,我们就能获得提升,从而不断迎来新机遇和新天地。这便是真正的"自立"境界。总之无须多想,先一口气跳入旋涡中心吧。

认为不行的时候才是工作的开始

稻翁语

《论语》原文

仪封人请见，曰："君子之至于斯也，吾未尝不得见也。"从者见之。出曰："二三子何患于丧乎？天下之无道也久矣，天将以夫子为木铎。"（八佾篇）

今译

仪这个地方的边防官求见孔子，他对孔子的弟子们说："有道德、有学问的人，到了我们这个地方，每个人我都见过。"见该官员如此热情，孔子的弟子们便带他去见孔子。见过孔子后，该官员出来对孔子的弟子们说："你们不必为老师丢官并遭到放逐而发愁。天下乱了这么久，文化已凋零，上天要让老人家做人民的导师，孔子的学问道德将影响世人。上天要以孔子作为警惕世界的木铎，你们不用担心了。"

在商场和职场中，我们不能成为"现状的奴隶"。有的人虽心怀梦想，却因眼下的社会或经济形势等而灰心气馁，暗暗觉得"自己的目标很难实现"，于是轻易放弃。换言之，这样的人越是分析和掌握自己所处的现状，就越发得出"梦想不可能实现"的结论。

这便是"现状的奴隶"。这样的人一味关注现状的好坏，一旦稍有坏的倾向，就否定自己最初的计划和梦想。这种人是无法创新的。工作也好，经营也好，出现"坏的状况"可谓家常便饭。就拿上市公司来说，有时明明实际业绩良好，但却遭到市场的抛售做空，从而导致公司股价异常下跌。

所以说，关键要不为各种纷繁状况所左右，一心致力于实现自己的计划和梦想。那么问题来了，这种精神的原动力是什么呢？

才智和能力固然重要，但更重要的是当事者的热情和执着。说得俗一点，需要的是"王八咬人不撒口"的气概。若能怀揣这种"必须成功"的强烈愿望，并不放弃梦想，那么实现梦想的许多方法就会自然而然地在脑海中浮现。

凡成事者，必然面对各种麻烦和压力。比如美国职棒大联盟的棒球名将铃木一朗，他给自己定下每年200支安打的目标，可每到完成170支左右的档口，他便会感受到巨大的压力——此时似乎有一种瓶颈，让他不管怎么努力都陷入低迷，难以打出理想的球。

虽然普通人不会碰到铃木一朗这种顶级运动员的极限状况，但"因为自己的梦想碰壁而一筹莫展"之类的体验想必不少。此时如果沦为"现状的奴隶"，那么梦想就会彻底落空。

其实，当面对这种进退维谷的"绝境"而认为不行的时候，才是工作的开始。

若能保持强烈的热情，则无论是睡着还是醒着，都能持续思考自己的梦想。如此反复，便能抱有渗透到潜意识之中的愿望。于是，在我们没有意识的情况下，我们的脑细胞和身体会自动朝着实现梦想、目标和愿望的方向活动。如此一来，人的潜意识会变得高度敏感，有时别人与工作无关的一句无心之言，都会成为自己获得成功的宝贵启示。

可见，要想在工作和事业上创造卓越的成果，关键要具备火一般的热情，且一步步地脚踏实地，永不放弃。

再来看上述《论语·八佾篇》中的地方官与孔子弟子之间的那段对话。

当时的孔子失去了在鲁国的官职并遭到放逐，不得不周游列国。从世俗的角度来看，此时的孔子可谓失败和落魄到了极点——既没了官位，又遭驱逐。也难怪弟子们对孔子的漂泊生活感到不安。那名地方官对孔子的弟子们说道："你们不必为老师丢官并遭到放逐而发愁。天下乱了这么久，文化已凋零，上天要让老人家做人民的导师，孔子的学问道德将影响世人。"换言之，孔子的遭遇并非不幸，而是世人之大幸。

总之，即使陷入逆境也不用劳神担心。只要拥有强烈的热情，就一定能找到成功的路径。

稻翁语 具备真正的勇气

《论语》原文

子曰:"刚、毅、木、讷近仁。"(子路篇)

今译

孔子说:"刚强、果决、质朴且不善言辞之人,其近于仁德。"

人往往都不愿意主动去得罪人，都想尽量给周围人留下好印象。尤其不想和有权有势的人过不去，趋于明哲保身。可这样一来，有时该说的话也不说，也不敢主张和贯彻自己认为正确的意见，从而偏向于不讲原则的"和稀泥"。

要想切实无误地推进工作，就必须在各个关键环节作出正确决断。而这样的决断，势必就需要相应的"勇气"。这里所说的勇气不同于莽撞的"有勇无谋"。

稻翁强调"要具备真正的勇气"。他还指出，人要获得这样的勇气，就要有一定的要求。首先，一个人必须有自己的信念，并贯彻之，同时在性格方面还要谨小慎微；其次，要接受较多的实际历练，如此才能"练成"这样的勇气。

正如上述箴言，孔子也认为："刚强、果决、质朴且不善言辞之人，其近于仁德。"的确，若非自私自利者，若非玩弄计谋者，则自然无须掩饰自己，也无须巧舌如簧。反之，其需要的是"践行自认为正确之事"的坚定信念，以及将其贯彻始终的勇气。

此外，孔子的上述箴言还蕴含了另一层意思——"仁德"并非贤者和君主的专利，若能在平日修身养性、内观自省，则人人皆能具备仁德。可见，人类在方方面面皆有无限可能性。

稻翁语: 率先垂范

《论语》原文

子曰:"禹,吾无间然矣。菲饮食而致孝乎鬼神,恶衣服而致美乎黻冕,卑宫室而尽力乎沟洫。禹,吾无间然矣!"(泰伯篇)

今译

孔子说:"对于禹这位君主,我没有什么可批评的。他自己的饮食简单,却用丰盛的祭品孝敬鬼神;他自己的衣着朴素,却把祭祀的服饰做得华美;他自己的宫殿简陋,却把财力完全用于治水工程。对于禹这位君主,我的确毫无意见。"

在商场和职场，要想获得上司、下属或周围人的协助，自己就必须身先士卒、为人模范，即所谓"率先垂范"。换言之，对于别人不愿干的活儿，自己要先去做。

不管嘴上说得多么漂亮，倘若不付诸实际行动，则终究无法打动人心。要想让别人做什么，首先必须自己先去做，唯有像这样主动起到带头作用，周围的人才会响应和追随。

"率先垂范"的确知难行易，其需要信念和勇气，因此不少人会基于"就算我不干，也有人会去干"的心理而趋于逃避。但若能克服这样的胆怯，鞭策自己"始终冲在最前头"，则工作质量势必会直线提升。

在上述箴言中，孔子慷慨称赞了禹的事迹——勤俭朴素，敬畏祖先，竭力改善民生。君主如此模范般的品行，势必会成为百姓的榜样，从而使国家长治久安。而当代企业亦同理——下属往往在借鉴和效仿领导的一举一动，从而逐渐形成该企业的氛围和文化。

类似的理念还有美国犯罪学家乔治·凯林博士提出的"破窗理论"。意思是一个地方或社区如果有被打破了的窗户而没人管，那么被打破的窗户可能就会增加。

日本还有种说法叫"企业腐败，始于头部"。意思是，一家公司的领导层（比如董事长或老总等）如果作出诸如自私自利、中饱私囊、恣意妄为、任人唯亲、公私不分之类的事情，该企业的风气便会败坏，并渐渐走向衰落。

而假如董事长较为强势蛮横，对公司的具体经营事务粗暴干预，那么即便总经理再怎么努力，由于形成了"政令出两头"的病态权力结构，此公司亦难以发展。

总之，"率先垂范"并非只是对公司高层或领导的要求。正如稻翁当年创立京瓷时提出了"全体同人都要努力参与，打造'率先垂范'的企业文化"的规范准则，而此规范准则得以在京瓷生根发芽、贯彻落实。直至今日，其依然在京瓷经营的第一线发挥作用。

稻翁语: 具备均衡的人格

《论语》原文

子曰:"过犹不及。"(先进篇)

今译

孔子说:"过分与不足都一样不好。"

何谓"具备均衡的人格"？1.对任何事都喜欢问个"为什么"，讲究逻辑和理性，彻底追求和探明事情的真相；2.富有人情味，与任何人都能友好相处。在我看来，唯有兼具这两种特质，才算得上是"具备均衡的人格"。

换言之，一个人如果只具备前者的特质，的确会有优秀的分析能力，头脑聪明，且行动合理，但由于缺乏周围人的支持，因此白白浪费了这份聪慧；而一个人如果只具备后者的特质，的确能够博得周围人的好感，但其工作和办事能力却不足。鉴于此，唯有在拥有科学家般的理性分析能力的同时，还具备让别人甘愿为自己赴汤蹈火的人格魅力，才称得上是一个"均衡的人"，才能取得事业的成功。

孔子还提出了一个非常有名的词——"中庸"。而上述"过犹不及"的理念，其实与之相同。而在古希腊哲学家亚里士多德的伦理学体系中，这种"中庸"则被视为"德"的核心概念。意思是不偏不倚，始终不变，既无不足，也不过度，处于一种和谐平衡的状态。换言之，亚里士多德发现，有德之人，其往往具备均衡的人格。

对于自己是否具备均衡的人格，当事者本身很难自我分析和判断。但不管怎样，我们首先要具备"中庸"的意识。这是提升心性、人格和工作质量的第一步。

稻翁语

贯彻双重确认的原则

《论语》原文

子曰:"过而不改,是谓过矣。"(卫灵公篇)

今译

孔子说:"有了过错而不改正,那就真叫过错了。"

孔子反复劝告人们要根除"有过不改"的恶习。《论语·子罕篇》中还有一句"过则勿惮改"（有错不用怕，立即发觉并改正就行），而上述箴言"过而不改，是谓过矣"的语气则更为严厉。

人犯错后，会有两种反应，一种是意识到自己错了，另一种是浑然不知自己错了。后者另当别论，但前者知错不改、不加反省，甚至把责任甩锅给别人，那真的是大错特错了。

但不是说后者就不用追究，在不知不觉的情况下犯的错，有时更会给社会、公司或周围同事造成巨大危害，因此需要引起我们的注意。特别是企业经营者或公司创始人，由于大权在握，因此更加必须双重确认自己是否有错误的行为，包括公私不分、恣意妄为、横加干涉、违反规定等。这便是公司内部管理和治理的重要任务。

另外，公司下属和普通员工也会犯单纯的错误。为了杜绝这些错误和违规行为的发生，就需要在组织内构建数个部门和数名员工一同负责参与监督的"双重确认"。

具体来说，比如在采购环节设置收货部门和验货部门，在盖公章环节设置盖章人和公章保管人，在数字计算环节设置"计算人"和"验算人"……这些都属于典型的风险防范手段。尤其在关乎管钱管物时，必须导入能够提前杜绝失误和贪腐的机制。

话虽如此，但人总难免会犯错。而在孔子看来，如何对待自己的错误，便能体现一个人的层次高低。

稻翁语 注重公私分明

《论语》原文

冉子退朝，子曰："何晏也？"对曰："有政。"子曰："其事也。如有政，虽不吾以，吾其与闻之。"（子路篇）

今译

孔子的弟子冉有担任季氏的家臣。一天，冉有从季氏家开会回来。孔子问："今天为什么回来得这么晚呢？"冉有答道："有政事商讨。"孔子说："那只是事务罢了。若真有政事要务，虽然不用我了，我也会知道的。"

在企业经营活动中，公私必须分明。诸如在上班时间干私事，或者利用职务之便私下接受客户招待之类，都属于应该坚决取缔的荒谬行为。

稻翁禁止员工在工作时间接打私人电话，对于客户送来的糕点盒子等礼品，也要求立即分给全体员工。或许有人会觉得"犯不着如此严格"，但千里之堤，毁于蚁穴，哪怕极为细微的公私不分的行为，也会拉低员工的道德水准，最终毒害整个企业。

而在上司和下属的关系方面，也要划清公私的界限。打个比方，假设上司邀请你周末去他家做客，你如约拜访。其间，上司先和你谈了些公事，比如对公司的看法和当前手头工作内容的进度等，然后他用拿手的家常菜款待你。显然，上述"周末来做客"的邀请和款待，是上司对你的偏爱。

即便如此，身为下属的你可不能自鸣得意地沉溺其中。要保持"虽亲不亵狎"的态度。此外，仗着受宠而狐假虎威的做法自然更要不得，而对上司过分亲昵甚至撒娇之类的行为也是荒唐至极。

初创企业和中小企业的老板更要注意和留心这方面的问

题，如果自己的子女或亲戚也在公司任职，那就一定要做到公私分明、公事公办。

反之，倘若这样的"裹狎之毒"蔓延整个职场，那结果会如何呢？员工在工作时不再专注于努力出成果，而是想着法子察言观色、讨好上司。至于那些不投上司所好，心系客户、踏实工作的人，反而会成为逆向淘汰的对象。这样的职场，要持续发展自然无望。

下面分析上面那段冉有和孔子之间的对话。冉有当上了朝廷高官季氏的家臣。有一次，冉有晚归，他向孔子解释道"有政事商讨"。孔子则不以为然，说道："那只是事务罢了。"这句话的弦外之音有二，一是"你（开会晚归）并非出于忧国忧民，而只是为了博得季氏的欢心，这属于公私不分"；二是"政事应在公开场合商讨，若在封闭的私人场合讨论，恐怕会招致周围人的不信任"。

可见，稍有松懈，便可能毒害整个组织。因此我们必须时刻划清公事与私事之间的界限，严于律己，杜绝任人唯亲和公私不分的现象。

稻翁语 构筑信赖关系

《论语》原文

　　子贡问政。子曰："足食，足兵，民信之矣。"子贡曰："必不得已而去，于斯三者何先？"曰："去兵。"子贡曰："必不得已而去，于斯二者何先？"曰："去食。自古皆有死，民无信不立。"（颜渊篇）

今译

　　子贡问孔子治国之道。孔子说："粮食充足，军备充足，且要让民众信赖朝廷。"子贡问："如果迫不得已要去掉一项，您认为可以去掉哪一项呢？"孔子答："去掉军备。"子贡又问："如果迫不得已要在剩下的两项中再去掉一项，那该去掉哪一项呢？"孔子答："去掉粮食。人生自古谁无死，可如果执政者失去了民众的信赖，那国家将不复存在。"

自创立京瓷以来，稻翁一直把构筑彼此心灵相通的信赖关系视为经营的基础。换言之，唯有彼此抱有谢意和诚意，且彼此知根知底、相互信赖，才能推进事业的繁荣。而他之所以举办"空巴"（酒话会）和员工运动会等各种活动，也是为了创造让员工们交心、团结的契机。

若有信赖关系作为基础，即便是上司和下属，彼此也能做到直言不讳。这样能够及时暴露工作中的问题，从而促进工作顺利开展。

至于放在第一位的，自然是赢得客户和用户的信赖。生意是信用的累积——越多的客户和用户相信一家企业，则这家企业的规模也会变得越大。

但不可满足于该程度。成为客户和用户眼中的"守信用企业"的确是营商的重要要素。如果能按期交货，提供优质又低价的商品，并服务到位的话，便能取得这种信用。

而若能更进一步，让企业具备高尚的"道德观"，且全体员工品德良好的话，那么客户和用户对该企业的感情就会从"信任"升级为"信赖"，甚至升华为"尊敬"。

稻翁曾说："做企业的极致，就是获得顾客的尊敬。"一旦达到该境界，即便友商竞品价格更低，也不用担心其影响自家产品的销路，因为顾客无疑会选择值得信赖和尊敬的企业的产品。换言之，信赖关系是金字招牌般的无形资产，该无形资产的竞争力要大过诸如低价、高质和快速交货等优势。

正如上述箴言所述，关于治国之要诀，孔子列出了三项——粮食、军备和信赖，并指出"民众的信赖最为重要"。即执政者要贯彻王道政治，所谓"王道"，就是待百姓如家人，关怀体恤民众疾苦。

此外，孔子"信赖大过粮食"的坚定主张，也触及了"何谓人"的本源问题。具体来说，一个人若是失去了周围人的信赖，那还能做成什么？又有什么活着的价值呢？

如果一家企业要构筑信赖关系，就需在平日里努力坚持以诚心与人打交道，且无论在企业内还是企业外，皆应如此。要想让别人真正理解自己、信赖自己，自己就先要坦坦荡荡地以诚待人。若能全心全意地真诚对话，便能催生真正的信赖关系。

此外，不论面对怎样的困难和危机，都无须慌张害怕。只要拥有信赖关系，就能化不可能为可能。

稻翁语：乐观构思，悲观计划，乐观实行

《论语》原文

子曰："邦有道，谷；邦无道，谷，耻也。"（宪问篇）

今译

弟子原宪问孔子："何为可耻？"孔子说："国家如果政治清明，那可以做官领俸禄；如果国家政治黑暗，却依然做官领俸禄，那就是可耻。"

无论身处何种逆境，无论如何艰苦，我们都应该保持乐观、坚持理想、努力奋斗。人生本就充满精彩和希望。因此关键要不断鼓励自己"光明未来在前方""现在的一切都是在为未来的果实而播种"。

反之，倘若满腹牢骚、心情阴郁，自然做不好工作。若是厌恶他人、憎恨他人、嫉妒他人，就更加要不得。这种负能量本身就会让一个人的人生坠入黑暗，而且还会破坏职场和谐。

稻翁曾教导京瓷全体员工"无论处于何种情况，都要保持乐观开朗"。京瓷能有今天，正是全体员工满怀光明和希望、不断拼命努力的结果。但要注意，一味盲目乐观亦不可取。为此，稻翁提出的理念是"乐观构思，悲观计划，乐观实行"。换言之，在计划工作的阶段，应该趋于悲观。

要想成就新事业，首先要抱有愿景、梦想和希望，极为乐观地设定目标。上天给了我们无限的可能性，因此我们要说服自己"一定能行"，从而激励自我。但到了制订计划的阶段，则需要在具备"无论如何都要成"的强烈意志的同时，对各个细节持悲观态度，包括慎重审视之前的乐观构想，事无巨细地在脑中反复预演各种可能发生的状况和问题，并对它们进行彻底分析和探讨，从而得出有备无患的万全之策。而一旦通过这种"悲观滤镜"制订出了具体计划，在接下来的实施阶段就要回归乐观。若在实际行动阶段依然抱有悲观思维，便无法满腔热忱地勇于挑战。

可见，用乐观思维构想未来，然后在制订计划时慎重地"想到最坏的情况"，最后积极大胆地付诸行动、迈向未来——在商务和经营中，就需要这种灵活的思维切换。

再回到上述箴言，孔子的弟子原宪问孔子："何为可耻？"如果结合当代的公司经营来对其进行意译，则可译为"若是遵循王道的企业组织，则为其工作并领薪水无可厚非。可若是单纯只为私利私欲或击溃竞争对手的霸道企业组织，则身为其中一员便是可耻"。再往深层讲，即"人要靠自身意志改变自身所处的环境"，如果放弃意志，甘于与恶劣的周围环境同流合污，那便是可耻的。

再比如，假设我们所属的企业陷入危机，当企业上下一片丧声哀叹时，如果我们也一同灰心消沉，那就是可耻之举。

即便陷入悲观状况，也要心向光明，贯彻乐观意志，积极迈向未来。

对未来抱有希望，并积极乐观地行动——这股精神不仅能提升我们的工作质量，还能为你和周围人带来有益于人生的正能量。

稻翁语：以诚实之心关爱他人

《论语》原文

子曰："孰谓微生高直？或乞醯焉，乞诸其邻而与之。"（公冶长篇）

今译

孔子说："谁说微生高这人直爽？有人向他要点儿醋，他自己家里没有，就去邻居家讨了点儿给那人。"

上文中，孔子提到了自己的弟子微生高。那通过这段话，孔子究竟想表达什么呢？首先，一些人碰到微生高的上述情况时，往往不会坦言"自家没醋"，而是暗地里去邻居家讨，完了也不说是从邻居家讨来的，搞得神神秘秘，硬要整出一副"是我自己送给你的"样子——在孔子看来，这种"死要面子"而虚荣浮夸的虚伪之人实在太多。其次，对于微生高的上述做法，孔子肯定了他尽力助人的体谅之心，对于他直言"醋从邻居那里讨来"的纯真之心，孔子亦给予了高度评价。

古印度的圣人曾留下这样的名言："伟人之所以能创造成就，与其说是由于其手段高明，不如说是因为其心地纯真。"此言道出了迈向成功的真理。

所谓"纯真之心"，是指其行动的动机纯粹，或者说私心了无。此外，一个人是否心地纯真，与其是否诚实也存在关联。

公司经营亦同理——必须让用户、客户、员工、社会都满意。倘若只顾自己赚钱，则生意难以长久持续。换言之，必须抛弃私心、体恤周围。唯有具备这样的纯粹之心、诚实之心，才能做成真正的事情。

　　总之,"纯粹"和"诚实"十分重要,它们能够为我们的人生增光添彩,并带来美好结果。

稻翁语 专注并钻研

《论语》原文

子夏曰:"日知其所亡,月无忘其所能,可谓好学也已矣。"(子张篇)

今译

子夏说:"每天学习一点自己之前所不知道的东西,每个月复习自己已经学到的知识。这样就可以算是好学了。"

一个人若是诚心诚意专注于一件事或一个领域，一旦做到精通，便能悟到人生真理，甚至一通百通地理解万事万物。而子夏的上述箴言，便道出了这般令人醍醐灌顶的真意。

长年埋头钻研并由此习得某项卓越技能之人，其往往会领悟到人生的真谛。比如许多杰出的作家、艺术家和音乐家等，他们的谈吐也往往呈现出他们优雅而深刻的人格。

再说当今的年轻人。在走上社会之初，他们一般得做一些底层的、不起眼的工作，这是一个积累的过程。对于意气风发、誓要在华丽舞台上施展拳脚的年轻人来说，这样的现实或许有点残酷。但此时的态度，恰恰决定了其今后的前途。

若能发现这种看似枯燥的底层工作对整个公司的意义，则无疑能获得成长进步；反之，若沉不住气，不懂"水滴石穿"的道理，还没干多久就要求换岗，则无论做什么都会半途而废。因为后者目光短浅、心猿意马、不知满足，最后往往会武断地认为"这家公司不适合我"，于是辞职走人——这实在非常可惜。

如果一个人的工作业务知识又泛又浅，那和一无所知无甚区别。反之，若能专注并钻研一事一物，一旦做到极致、得其精髓，则可谓诸事通晓。万事万物的深层道理皆通，即"一事通，万事通""一即是全，全即是一"，此为人生真理。

稻翁语 做事要"说到做到"

《论语》原文

子曰:"巧言令色,鲜矣仁。"(阳货篇)

今译

孔子说:"花言巧语者,很少具备仁德。"

常有人说，"啥也不说，默默苦干是美德"，但稻翁要求京瓷员工和盛和塾塾生"说到做到"。比如，在分配项目时，不应该由上司命令下属"你来负责"，而应该由下属主动请缨说："让我来做！"

这便是稻翁主张的"说到做到"的出发点。

一旦主动宣布"要负责这个项目"，就等于要挑起担子，于是自然会感受到来自周围的压力。而在稻翁看来，像这样用他人和自己一起来"逼自己"，然后以此为动力努力投入工作，最终便能开启成功之路。

具体来说，比如在晨会等会议上，一有机会就要主动说出自己的想法。同时，既然是自己提出的意见、建议或要求，自己就必须负责地付诸行动。这种"赶自己上架"的做法，能够有效激发自身的能量。

反之，若只是耍嘴皮子的"巧言令色"，最多也只能取得一时的成功，而无法长久。另外，擅于察言观色、阿谀奉承、虚伪表演之人，其实际工作能力往往很低。因为这种花言巧语、缺乏仁德之人，势必无法真正赢得人心。

"说到做到"和"巧言令色,鲜矣仁",二者都提及了人的言语,但其言语的内容却大相径庭。可见,不打妄语,真心诚意,言出必行,这才是通向成功的捷径。

稻翁语: 不拘泥于所谓的"常识"

《论语》原文

互乡难与言，童子见，门人惑。子曰："与其进也，不与其退也，唯何甚？人洁己以进，与其洁也，不保其往也。"（述而篇）

今译

互乡是个名声不好的地方，这个地方有个年轻人得到孔子的接见，这让孔子的弟子们很疑惑。于是孔子对弟子们说道："肯求上进的人，我们一定要帮助他，不要使人没有进步的机会，不能使人退步。你们太过分了，怎么这样一种狭隘的胸襟和态度？即使是一个坏人，他能够自己反省过来，等于洗了一个澡一样，把自己弄得很干净，来求进步。只要能这样，不就好了吗？不要死记住他的过去。"

由上文可知，孔子的弟子们相信所谓的"常识"，即"互乡乡民品行恶劣"的坊间传闻。而孔子则告诫他们，不要自己不加确认就给别人下定论，不要被这种先入为主的观念所束缚。

如果把场景换作当今的职场，则这帮弟子就好比跟随一家企业的领导或上司的追随者。

为了讨好领导和上司，他们往往只说领导和上司爱听的。或者充当耳目，有时向领导和上司提供所谓"内部消息"——比如"听说那家公司状况不佳，不如暂缓与其合作签约"等。

关键在于"信息的准确度"。若是亲眼所见、亲耳所闻的一手信息，其准确度自然较高。可若是道听途说的"小道消息"，哪怕最终证明基本属实，也不能归入孔子所认为的"准确信息"。而对领导和上司而言，若缺乏收集准确信息的途径，则好比是《皇帝的新衣》中的昏聩皇帝，有整体判断失误之虞。

先入为主的观念可分为两种：一种是他人口中的所谓"常识"，另一种是自己的狭隘认知。无论哪一种，若基于先入为主的观念判断事物，则无望挣脱框框或开拓思维，也扼杀了自身的潜力和可能性，因此这是应该杜绝的坏习惯。

总之，在推进工作时，切不可基于自己的狭隘认知。唯有不拘泥于所谓的"常识"、集思广益的"自由意志之人"，才有资格成为领导。

稻翁语 热爱工作

《论语》原文

子曰:"知之者不如好之者,好之者不如乐之者。"(雍也篇)

今译

孔子说:"对于任何学问、知识、技艺等,知道它的人不如爱好它的人,爱好它的人又不如以它为乐的人。"

在读者朋友中，恐怕也有不少人想立马辞掉自己目前的工作。可辞掉现在的工作后，人生就会变得精彩吗？正相反，恐怕会为接下来的生计而发愁吧。

也许对一些人来说，只要有钱，不工作也没关系，可即便腰缠万贯，若是不工作不劳动，那么过的也是只有花费却毫无产出的日子——每日锦衣玉食，整天寻欢作乐，夜夜笙歌。

可这种奢华的日子终究会过腻，随之会感到空虚，内心的不安卷土重来。因为这样的人找不到自己在社会中的价值所在。可见，这样的人生难言充实。所以说，要想人生充实，人还是需要工作和劳动。

长期从事一项工作，需要巨大的能量。该能量来自自我激励和自我燃烧。

而实现自我燃烧的最好办法，便是爱上自己的工作。不管什么工作，只要全身心投入、全力以赴，就能收获莫大的成就感、充实感和自信感，进而会充满挑战更高目标的热情。

如此反复循环，人定会愈发热爱自己的工作。进而甘愿努力，不以为苦，乃至取得卓越成果。这便是孔子口中的"乐之"的境界。

说到这里，或许有不少读者朋友会心想"工作和乐趣完全是两码事，在社会上谋生可不容易"。的确，这是很多人普遍存在的想法，即"工作是苦的，怎么可能有乐子"。但事实果真如此吗？

对绝大部分人来说，一天的大半部分，乃至一生的大半部分时间都在工作。既然如此，那当然最好能做自己喜欢的工作。但哪怕再喜欢，工作终究是"收人钱财替人消灾"的一种雇佣交易，因此比起满足自己，先要满足顾客和客户；有时还不得不参与自己不愿从事的业务，或者干自己不擅长的活儿。

但若是活明白的达观之人，便会乐在其中。这种"乐"并非被动的感受，而是一种积极主动的态度，即"自我提高心性，让自己爱上自己的工作"。

人一旦步入社会、走上岗位，迟早得成为独当一面之人。

而在该过程中，势必有艰难困苦、辛酸委屈。但只要坚信自己选择的道路，用心去爱自己的工作和事业，心无旁骛地投入其中，便能排除万难。对于工作这件事情，你越是用心，越是钻研，就会越喜欢上它，进而以它为乐。

稻翁语：在相扑台的中央交锋

《论语》原文

子曰："人之过也，各于其党。观过，斯知仁矣。"（里仁篇）

今译

孔子说："一个人所犯的错误，和其生活的地方的风俗关系很大。观察一个地方的人所犯错误的性质，便可了解当地人的仁德水准。"

稻翁所强调的"在相扑台的中央交锋",是以相扑比赛为喻,意思是"不要等到被逼到相扑台边缘才发力,要在尚有回旋余地时就使出全力"。他告诫人们:"要把相扑台中央视为相扑台边缘,凭借这种居安思危的紧迫感,毫不退步地尽力对待工作。"

纵观现实的相扑比赛,的确不时能看到开始不愿出全力的选手。他们要等到被逼到接近相扑台边缘时,才肯动真格地奋力出招。可若是想取得较高的获胜概率,还是应该在相扑台中央就使出全力,此为上策。

想必不少人在学生时代都有临考前夜突击温习的经历。自不必说,这样几乎不可能网罗所有出题范围,可出于无奈,只得心情焦躁地临阵磨枪,结果宝贵的时间过得飞快。到了第二天,只能以绝望的心情奔赴考场。其实考试的日程早早就已决定,因此如果想考好,就应该早点儿投入复习。问题在于,道理虽然都懂,可大多数学生往往会犯拖延症,从而错失备考良机。

而纵观企业经营和工作,其实情况亦类似。一开始各方面还有宽裕，等于是站在相扑台的中央，于是工作慢慢悠悠，结果时间在不知不觉中飞逝；待期限将近，则立刻变得慌忙失措。这种要拖到"临近相扑台边缘"才认真出全力的企业，怎么可能成大事呢？

以把产品交付客户的"交货期"为例，稻翁践行的经营手法理念如下。按照客户提出的交货期按时完成产品——这乍一看似乎合情合理，但稻翁却指出"这种做法不可取"。

在京瓷，产品的规定完成期限会比客户要求的交货期提前几日。公司上下把这提前的"设定截止日"视为底线，使出全力，从而确保按规定完成生产任务。即便万一发生预料之外的问题，反正离客户要求的真正截止日还有一段富余。有了这样的安全缓冲期，往往就能解决交货前的突发状况，从而降低给客户造成困扰的风险。

如果把前述孔子的话放到职场中，便可理解为"员工引起的麻烦或搞出的状况，都是其所属企业的文化和风气所致。若观察具体麻烦和状况的内容，便可了解'实践正道'的共识在该企业组织中的渗透程度"。这里所说的"正道"，即"贯彻顾客至上主义"这一营商基础。

总之，如果能时刻为客户着想，为交货期设定一个保险的"安全缓冲期"，并切实遵守和履行，则企业势必能不断成长，并获得客户的青睐。

稻翁语 胆大与心细兼备

《论语》原文

　　子夏为莒父宰,问政。子曰:"无欲速,无见小利。欲速,则不达;见小利,则大事不成。"(子路篇)

今译

　　孔子的弟子子夏做了莒父这个地方的长官,他问孔子:"该如何处理政事?"孔子说:"不要急于求成,不要贪图小利。急于求成反而不成,贪图小利,则大事不利。"

人从大的方面可分为两种类型：一类纤细敏感、羞怯内向；一类大胆豪放、开朗外向。

外表肮脏邋遢，一身酒气，带刀浪迹天涯的"浪人"武士，当察觉背后有杀气袭来，则会故意露出破绽，麻痹敌人，然后手起刀落，将敌人砍成两半——这是日本古装剧中常有的情节桥段。这样的武士看似豪放不羁，实则滴水不漏，拥有高度纤细和敏感的神经。

假如上述武士只有豪放的一面，那结果会如何呢？恐怕早就成了别人的刀下鬼；反之，如果只有纤细的一面，则亦难以在刀光剑影的险恶江湖中生存。

"胆大"与"心细"互相矛盾。但在工作中，像上述刀客剑豪那般兼具"胆大"与"心细"这二律背反的性格特质，且能将这两种性格特质"分情况发挥"之人，则可谓宝贵人才。进一步来说，唯有兼具这"性格两端"之人，方能干成"完美的工作"。

兼具两端并非"中庸"，而是纵横交织的状态。"胆大"好比经线，"心细"好比纬线，二者交织，便织成了一张人格之图。"胆大"赋予人冲劲和活力，而"心细"又能防患于未然。在稻翁看来，若以这样的态度投入工作，便能创造完美成果。稻翁还说，"神经敏感纤细者，若能加以充分历练，便能获得勇气——此为理想之人才"。

稻翁口中的理想人才，在现实中的确很少。但"胆大"与"心细"只占其一者并不少，而这样的人如果能有意识地努力，让自己具备另一端的性格的话，应该就能接近上述"理想人才"的形象。先天就兼具"胆大"与"心细"的确很难，但通过后天的各种工作历练，便也能逐渐培养出自己原先所不具备的性格特质。

再说回上述孔子的箴言，其可意译为"不可仅仅着眼于自己所管辖的小地方，不可目光短浅、急于求成。唯有站在全国大局的角度考虑，才能实现自己所管辖的小地方的长治久安。"用现在的话来说，就是"处理地区事务，要有全球视角"。从表面上来看，这似乎也是一种相互矛盾的思维方式，但这其实与上面讲的性格特质同理——唯有兼具"地区"和"全球"视角，才能实现善政治理。

总之，在处理日常工作和业务时，我们也要兼具"胆大"和"心细"，极度认真地投入其中。唯有如此，才能成就"完美工作"。

4 开拓篇

稻翁语：成为开拓者

《论语》原文

子曰："述而不作，信而好古，窃比于我老彭。"（述而篇）

今译

孔子说："平日我之所言，皆出自古代圣贤之语，因此它们并非我所创。我非常相信而喜欢传统的文化，把它们保留下来。我没什么了不起，不过想向老彭看齐。"

纵观稻翁的人生和创业史，可谓是"为他人所不为"的不断开拓的历程。开拓之前从未有人从事过的新领域，自然绝非易事。这就如同在没有航海图和罗盘的情况下在茫茫大海上航行一般，能依靠的唯有身边的伙伴。当开拓者的确十分艰辛，但成功时的喜悦也是任何快乐都无法比拟的。作为一家企业，若能开拓出之前无人涉足的领域，自然能实现傲人的业务发展。

不仅如此，稻翁还一直冲在一线，亲自指挥和部署，并教导员工："无论我们公司规模变得有多大，我们都必须持续践行开拓者的活法，不断描绘未来愿景、怀揣强烈愿望。"如今，从京瓷员工身上依然能感觉到这种先驱精神。

中世纪意大利的著名物理学家、天文学家、哲学家伽里列奥·伽利略主张"太阳是宇宙中心"的"地动说"。在他所处的时代，"地球是宇宙中心"的"天动说"是所谓"主流常识"，因此当权者给伽利略的主张扣上了"危险思想"的大帽子，说这并非天文学说，而是一种"邪道哲学"。于是，伽利略受到了打压迫害，还被送上了宗教法庭。哪怕如此，他还是坚持信念，说出了那句名言："即便教廷说我是错的，但地球还是在绕着太阳转动着。"众所周知，伽利略的"地动说"后来得到了证明，乃至成为天文学界的常识。

从上述例子可知，真正的创造并非既有常识和知识的单纯延伸，而是在此基础上的灵感飞跃。而唯有当源自这种灵感的新思维受到社会普遍认可时，它才可以被称为真正的"创造"。

下面进一步解读孔子的上述箴言。其可意译为"我所说的都是从先贤所言的基础上引申而来的，其并非我的创作"。对于这里的"创作"，后世有一些学者将其解读为"以设立礼乐制度为喻，意指政治制度"，因为儒教认为"礼可安定社会秩序，乐可感化万千人心"，故而礼乐是维系神灵与人类的神圣媒介。另外，也有学者认为孔子此处的语意是"自己喜好探究以前的圣人君子所言之真意"，并单纯地志在完善"礼乐制度"。换言之，他们认为孔子此处是在故意回避涉及政治。

不管怎样，孔子绝不是一个保守的人。就如他那脍炙人口的名言"温故而知新"的内涵那样，他虽重视常识，却不被先人所定的常识所束缚，可谓卓越的开拓者。

但须注意的是,要成为开拓者,首先必须学习和知晓先人留下来的知识、技术和创意。正如"温故而知新"(或者可以说"温故而创新")所言,唯有以"故"为基础,才能开拓出新路。

稻翁语

心想才能事成

《论语》原文

　　子曰："人无远虑，必有近忧。"（卫灵公篇）

今译

　　孔子说："人若缺乏长远的考虑，则一定会有眼前的忧患。"

事物的结果，取决于我们的心境。若有"无论如何都要成功"的心念，则取得成功的可能性就很高。反之，若被"搞不好做不成，搞不好会失败"之类的消极心念所支配，则很容易走向失败。

心不唤物，物不至。我们身边所发生的一切，其实都是我们心境的反映。

愤怒、仇恨、嫉妒、猜疑……如果心中充满这些消极否定的感情，则我们的心也会被黑暗和丑陋的负能量所支配。反之，如果我们能胸怀梦想和希望，用这种积极肯定的想法描绘"光明灿烂的未来"，那人生就会变得精彩纷呈。鉴于此，即使我们遭遇逆境，或者碰到负能量，也要坚持正能量思维。

再说回孔子的上述箴言。他强调："不可只顾眼前，要展望未来。"当然，要明确构想未来或制订长期计划绝非易事。尤其在全球经济疲软的当今社会，不少人普遍认为："比起谈梦想，着眼当下的现实更重要，毕竟没有多余的精力了。"

但一个人倘若缺乏目标、漫无目的地生活，其和朝着目标拼命努力的人相比，哪种人生更有光明的未来呢？这自然不言而喻。

总之，要在心中描绘光明的未来蓝图——这是梦想成真的第一步。

稻翁语 树立远大目标

《论语》原文

子曰："古之学者为己，今之学者为人。"（宪问篇）

今译

孔子说："古代以学问立身之人，其学习是为了充实自己；现在以学问立身之人，其学习是为了装饰自己，给别人看。"

开展事业的目的为何？对企业而言，这是十分重要的灵魂拷问。

稻翁指出，"该目的必须是最为崇高的愿望"。那为什么做事业需要这样的"崇高愿望"和"远大目标"呢？

要想顺利运营一项事业，就必须对这份事业和工作保持高涨的热情和能量。而一旦沉溺于金钱和名利等私欲，不少人就会在工作过程中承受罪恶感的折磨，这会大量消耗一个人的能量和动力。换言之，由自私自利而生的罪恶感，会削弱一个人对事业和工作的热情和能量。

孔子上述箴言的中心思想亦同理。他认为，古时人们做学问，为的是提升自我修养，而在实现"掌握学问"这一崇高愿望的过程中，其还会润物无声般地影响和感染周围人，这便属于一种远大目标。另外，孔子口中的"为了装饰自己而学习之人"则属于功利主义者，这样的人做学问也是白做，原因很简单——他们不但影响不了周围人，反而一直在意周围人对自己的评价，把大部分精力都浪费于此。

人是脆弱的，因此需要激励自己的"触发器"。鉴于此，我们若是拥有类似稻翁所提出的"实现全体员工物质与精神两方面的幸福,并为社会作出巨大贡献"之类值得自豪的远大目标,并不断予以强调,那么不仅能提升我们自己的热情和能量,还能提升周围人的热情和能量。

稻翁语 ## 重视独创性

《论语》原文

子曰:"不得中行而与之,必也狂狷乎!狂者进取,狷者有所不为也。"(子路篇)

今译

孔子说:"如果能找到奉行中庸之道者,那么我与他结交。但如果这样的人不好找,那就结交狂者或狷者。因为狂者总是勇敢进取,而狷者也不肯做坏事。"

自创业伊始，稻翁就重视独创性——他不搞抄袭模仿，而是靠独自研发的技术与友商竞争。对于别家因为"做不了"而推掉的订单，他却欣然接受，然后带领全体员工拼命攻坚，完成订单。其结果是发明了一项又一项独有的技术，从而实现了雄厚的技术储备。

当年，作为京瓷飞跃发展之契机的是"多层封装技术"，该技术发明获得了日本大河内纪念生产特别奖和科学技术厅长官奖，可谓重视独创性的成功典型。

"无论如何都要做成"——这份强烈的使命感，加上日积月累的钻研和创意，最终催生出了卓越的创造力。

孔子上述箴言中的"中行"是指不偏不倚的中庸之人，"狂者"是指目无法纪但热情肯干之人，而"狷者"是指理想极高、乖僻顽固但保守节操之人。孔子知道"兼具天才、学力且性格平衡之人凤毛麟角"，因此道出了自己较为现实的愿望："希望传道于'志向高远、有异常人、热情高涨之人'或者'始终恪守信念之人'。"

环境在不断变化，因此我们不必被现存的条条框框、既有概念或所谓"业内常识"所束缚。鉴于此，一家企业若想收获巨大成功，就必须广招基于用户和客户视角的人才、敢于质疑固有观念的人才、能够打造具有较高独创性的商品或服务的人才、拥有超乎常人的热情的人才，并让这些人才朝着同一个目标奋进。

作为企业家或经营者，就需要以打造这样的理想企业为目标，每日一步一个脚印地奋力前行。

稻翁语　燃起斗志

《论语》原文

子曰："君子不器。"（为政篇）

今译

孔子说："优秀的人不能像简单的器具那样，只有一种用途。"

商场如战场。要想胜出，就必须以"必胜"的坚定意志和态度，不断迎接挑战。

可越是想取胜，各种麻烦和压力越会纷至沓来。于是，许多人往往会胆怯退缩，动摇自己最初的信念，乃至趋于妥协。

反之，若想击败和克服这些麻烦和压力，就需要以不屈的意志、斗志以及相应的技能和技术作为支撑。尤其是斗志，必须拥有格斗家般的钢铁斗志，从而冲破万难，取得胜利。换言之，无论遭遇怎样的艰难困苦，都不可让"绝不认输、绝对要成"的熊熊斗志熄灭，要用它来击败阻碍。

但要注意的是，倘若只有斗志而一味蛮干，则人就容易步入冲动的陷阱。所以孔子的上述名言"君子不器"可以解读为："若只专注于狭窄的一点，就会忽视乃至误判整个大局。而优秀之人往往审视大局、关注和留意方方面面，因此极少失败。"

可见，强烈斗志固然重要，但还须从各个角度思考取胜方法，并时刻关注周围。若能如此兼具"火般热情"和"沉着冷静"，则获胜概率会大增。

开拓篇

稻翁语：自己的路自己开拓

《论语》原文

柳下惠为士师，三黜。人曰："子未可以去乎？"曰："直道而事人，焉往而不三黜？枉道而事人，何必去父母之邦？"（微子篇）

今译

鲁国的贤人柳下惠担任掌管刑罚的官，却三次被罢免。有人得知此事后问他："您三次被罢免，为何不离开鲁国另谋高就？"柳下惠答道："以我这样的为官之道，去哪里当官都至少会被罢免三次。可我如果为了保住官位而放弃自己的原则，那又何必要离开自己的父母之国呢？"

我们自己的未来，不可能找别人给打包票。无论我们目前所在公司的业绩多么优秀，也都是过去努力的结果而已。换言之，对于未来，无人能百分百预测准确。而要想让企业持久发展、基业长青，关键要让每名员工都在自己的岗位上尽职尽责，努力发挥自己的作用。

生于中国春秋时代的柳下惠是位贤人。对于道德低下的君主，他也平心静气地侍奉；无论多么无聊的官职，他也不以为耻，而是在其位尽其职，倾注才智、努力工作。此外，哪怕被君主抛弃，他也毫不怨恨；不管面对什么困难，他都不以为苦。他之所以被称为贤人，缘于他不为环境所左右的人生态度，即不卑不亢，坚信和贯彻自己原则的精神。

假设柳下惠是当今社会的一名公司职员，如果有人对他说："既然这家公司不理解你，你不如跳槽走人。"而柳下惠想必会答道："我若是坚信和贯彻自己的做法，那么即便去其他公司也会有同样遭遇。如果我在这里坚持不下去，那么去其他地方也是一样。"

可见，公司和自己的未来其实都在自己手中，必须自己去开拓。

　　反之，期待他人的"向外求"的做法是行不通的。必须问心无愧，问天无愧；不拘环境，自我奋进；尽人事，待天命。

　　同时，心怀贡献社会之大志，具备脚踏实地的低姿态，便能以至诚感动上天，甚至以奇妙之机缘，获得改变命运之机遇。总之，老天自有其安排。

稻翁语：以将来进行时来看待能力

《论语》原文

子曰："君子耻其言而过其行。"（宪问篇）

今译

孔子说："君子把说得多、做得少视为可耻。"

许多获得成功的先人，都曾强调制定目标的重要性。而在制定新目标时，必须故意把目标定得超过自己的能力。换言之，对于自己目前实在不可能做到的，要坚信在未来能够做到，并不断努力提升自己当下的能力。如此坚持，便能开拓未来之路。

为此，我们必须聚焦意识，使其集于一点。进行理论思考和判断的基础是我们心中的理性。而要想激活理性，就必须像"放大镜聚焦太阳光"那样，锁定意识的焦点。

有一个词能贴切地表达这种状态，它就是"有意注意"。顾名思义，它的意思是"有意识地注意某件事情"，即基于明确目的，认真地将自己的意识和精力集中在对象目标之上。当我们突然听到一种声响，就会反射性地转向声源——这种无意识的生理反应属于"本能"。由于其并非基于意识，而是出于本能，因此与"有意注意"相反，属于"无意注意"。

若能无论环境如何，无论事情多么细微，都能以"有意注意"的状态去对待，若能养成这种时时事事都"有意注意"的习惯，就能集中意识地观察万事万物。于是，便能一眼看破问题的核心所在，从而迅速找到解决之策。自不必说，这样的人在描绘梦想和制定目标时也是过人一等。换言之，在"有意注意"的加持下，上述"未来"也会内容明确、轮廓清晰。

再回过头来解读孔子的上述箴言——"君子把说得多、做得少视为可耻"，这句话背后的含义是什么？

若单纯从字面来看，其可以理解为"应该说到做到"。若做更深层的解读，则可引申为"对天下国家之事，若只是豪言壮语，则很难打动人心。因此不要把重点置于言语，而应重视从小事做起的身体力行——这才是领导者应有的品格"。

不少人基于自身目前的能力来判断什么做得到，什么做不到。但稻翁指出"这般判断不可取，因为这会扼杀所有新事物和高目标的可能性"，所以他强调道："若想创造新价值，就必须基于'现在'和'未来'两方面来审视自己的能力。"

总之，唯有具备"定要达成目前无法达成的目标"之热情，并以将来进行时来看待能力，才能实现远大目标。

稻翁语　不成功决不罢休

《论语》原文

子曰："回也，其心三月不违仁，其余则日月至焉而已矣。"（雍也篇）

今译

孔子说："在我的弟子之中，颜回可以三个月心不离仁德。至于其他弟子，只能每天甚至每月有一次仁德的境界。"

一个人能否成功，与其拥有的热情和执着很有关系。爱找理由、自我安慰、动不动就放弃之人，做什么都不会成功。因为其缺乏热情和执着。

要想成事，就要学学原始的狩猎民族的捕猎手法。他们一旦发现猎物的足迹，就会拿着一根长矛，连续追踪数日。无论风吹雨打还是强敌干扰，他们都不屈不挠。在寻到猎物巢穴并捕获它之前，他们绝不放弃。

试问，我们是否有不亚于狩猎民族的热情和执着呢？要想取得成功，就必须具备这种不达目标绝不放弃的精神。

孔子在评价自己的弟子时，从不轻易使用"仁德"这种高评价之词。但在其众多弟子中，他唯独赞许颜回"可以三个月心不离仁德"。同时，他还叹息其他弟子只有"每天甚至每月有一次到达仁德的境界"的程度而已。

换言之，在孔子看来，"志向若三个月不变，便是货真价实的志向"。而颜回努力追求仁德，甚至到了"又耿又憨"的地步。可见，若下定决心"绝不放弃"，且坚持"誓要成功"的志向，则成果就会水到渠成。

稻翁语 超越平凡

《论语》原文

子贡问曰:"赐也何如?"子曰:"女器也。"曰:"何器也?"曰:"瑚琏也。"(公冶长篇)

今译

子贡问孔子:"您觉得我是个怎样的人?"孔子说:"你好比一件器物。"子贡又问:"是什么样的器物呢?"孔子答道:"瑚琏。"

若想提升自我至一个较高的层次，则必须敢于直面各种壁垒和阻力。而其中最大的阻力，则要数自身贪图安逸的惰性。宠爱自己、选择安逸之路……这么做的确简单轻松，但对一个人的成长进步绝对无益。

反之，激励自己、克服困难、不断前进……这么做的确需要巨大的能量和精力，还需要不断克服自己软弱的一面，勇敢地持续面对挑战。可当这份努力收获成果时，其带来的喜悦也是无与伦比的。

再来分析孔子的上述箴言。子贡是孔子弟子中极少数"脸皮较厚"的人之一，他敢于自称君子。在上述对话中，子贡问孔子："您觉得我是个怎样的人？"孔子熟知子贡的性格和想法，知道子贡希望听到的回答是"君子"，但孔子却故意说"器物"，其中包含了孔子希望"杀杀子贡锐气"的动机。

孔子口中的"瑚琏"，是宗庙里盛祭品的贵重器物。但瑚琏虽贵，却有容易破碎的缺点。由此可知，孔子把子贡比作瑚琏，是为了告诫他"不要骄傲，要进一步磨砺自己"。

要想"超越平凡"，就要不断战胜自我。人类所拥有的最伟大的能力，便是挑战自我、战胜自我的"克己之力"。

必须把哲学变为自身"血肉",否则没有意义

> 稻翁语

《论语》原文

子曰:"学而不思则罔,思而不学则殆。"(为政篇)

今译

孔子说:"只是读书,但不思考,就会受骗;只是空想,却不读书,就会很危险。"

从他人那里学到知识后，能否将其变为自身"血肉"极为关键。若不能将知识为我所用，若不能将其按照不同情况灵活发挥，则知识便无意义。

以当代职场为例，假设要完成一个目标，上司为此给了下属各种建议。倘若下属不充分思考建议的意义而贸然行动，那结果会如何呢？自不必说，只会导致与客户的矛盾纠纷、公司内部的态度差异、下属与上司之间的认知鸿沟……当然无法使目标顺利达成。

可见，下属应该先努力消化上司给的建议，而上司也应该帮助下属理解和消化。若只是单纯传授建议内容，则上司也称不上尽责；而之后一旦出了岔子，上司也不能以"是听者的问题"为由甩锅了事；因为"传授"和"教会"是两码事。

而要想让受教者将习得的知识变为自身"血肉"，就需要建立"哲学层次的共识"。若讲者和听者双方拥有相同的"哲学理念（深层观念）"，则"将知识血肉化"的过程便会顺畅得多。

那么问题来了，怎样的"哲学"才最适合成为共识呢？我们每个人心中都有杆"秤",即对于事物价值的判断基准。

而要想判断某件事物是否符合道理,不仅要看其是否存在逻辑矛盾,还要看其是否有悖于作为人应该遵循的"正道"。换言之,不可安逸地止于"头脑逻辑思维",而应深入至"作为人,何谓正确?"的本源问题。由此思考而得的结果,才称得上是"哲学"。

而若能让公司的全体员工把这样的哲学变为自身"血肉",则公司无疑会发生翻天覆地的变化。

为此,身为公司高层的经营者、董事长、总经理等都有必要秉着"愚直的坚持",切实奉行和实践正确的哲学和经营理念。

此外,一旦职场全员拥有了"哲学共识",便等于明确了共同的目标,于是沟通也会变得轻松顺畅,习得的知识也能在实践中获得事半功倍的效果。反之,假如一个人无法把哲学变为自身"血肉",其便无法在工作中取得卓越成果。理由很简单,因为其缺乏作为自身判断基准的"正确原理原则"。

再看孔子的上述箴言，他指出："一个人如果只是空想，却不读书，就会很危险。"这样的人虽然常常天马行空、梦想远大，但其梦想最终只能化为泡影。因为其从根本上欠缺与他人建立"哲学共识"的观念。说到底，如果没有向别人学习的虚心态度，便无法获得成功。

总之，若想让哲学"为我所用"，首先要认真思考"作为人，何谓正确？"。

具有挑战精神

稻翁语

《论语》原文

子曰："古者言之不出，耻躬之不逮也。"（里仁篇）

今译

孔子说："古代的君子从不轻易地发言表态，因为他们以说了而做不到为耻。"

人往往不喜变化而趋于保持现状。尤其是已经成功的创造者，他们容易执着于过去的辉煌，抱着既有的商业模式不放。倘若像这样回避新的挑战和困难，一味沉浸于"岁月静好"的现状之中，则如逆水行舟，不进则退，于是只能迎来黯淡的未来。

"挑战"即制定高目标，打破现状、推陈出新，这正可谓"不破不立"。这听起来虽然很酷，但其实也伴随着巨大的困难和危险。

稻翁曾强调："如果不具备革新所需的要素，就不该轻言'挑战'。"换言之，说话要有底气。那么何为"挑战"的底气呢？它们是"敢于直面困难和危险的勇气"，以及"不怕任何艰难困苦的耐力和努力"。倘若没有"勇气"、"耐力"和"努力"这三要素，就不要说"挑战"二字，否则最多只算盲目莽撞的"蛮勇"而已。

经营企业亦是如此——要想不断实现创造革新，就需要坚定不移的强烈信念、日复一日的埋头积累，以及切实的能力。将这些要素结合在一起，才能为企业开创未来。

稻翁当年一直勇于承接同行因为做不了而推掉的订单。他并非不假思索地盲目揽活儿，而是因为具备尝试攻坚的精神力量。而正是这种不断挑战的态度，使得京瓷成为不断成长、基业长青且受人羡慕的企业。

再来分析孔子的上述箴言。在儒家的道德理念中，君子须"言出必行"，因此对于尚无实现头绪之事，若先夸下海口，则孔子视之为耻。换言之，孔子认为"君子一言，驷马难追"，一旦说出口，就必须竭尽全力做到。

可在当今职场，对于"谨慎谨言，极少阐述意见"之人，周围人会怎么看呢？换作半世纪前，其或许会受到"沉稳雅士"之类的称赞，但在全球化竞争如火如荼的当代职场，其想必不会得到什么正面评价。理由很简单——在要求组织成员绞尽脑汁、能力互补、达成目标的现代社会，吝于发表意见不但不再是"美德"，反而成了"恶习"。

话虽如此，但也不等于"只要随便发表意见就行了"，关键还是要做到"言出必行"，即必须以"拼死的觉悟"付诸行动，从而达成目标。

真正的挑战伴随着困难和危险。首先要具备"挑战精神",然后本着"言出必行"的信条,从平时做起,坚持积极发言,并说话算话。所谓"千里之行,始于足下",所有的挑战也皆始于此。

5 领导篇

稻翁语：贯彻实力主义

《论语》原文

　　林放问礼之本。子曰："大哉问！礼，与其奢也，宁俭；丧，与其易也，宁戚。"（八佾篇）

今译

　　林放问孔子"何为礼之根本"。孔子说："你的问题意义重大！在生活方面，与其追求奢华，不如过得俭朴；在治丧方面，与其注重形式，不如真心哀悼。"

组织运营的一大关键，在于给组织的各分支机构配置一个有能力的领导。

但要注意的是，这里的"能力"并非单纯指业务能力，还包括受人尊敬和信赖的人格魅力，以及愿意为集体百分百出力的团队精神。进一步来说，对组织而言，则需要打造能让这种人才成为领导并发挥其最大能力的文化和土壤。

若组织和企业能在运营中贯彻这种公平公正的实力主义，组织和企业便能得到强化，从而在竞争中胜出。

稻翁在运营京瓷时，便是基于上述理念，而京瓷的各组织也的确落实了这种理念。以用人和提拔为例，当年日企大多基于"员工的工龄和资历"等，但京瓷则不同——其基于员工自身所拥有的"真正实力"。

这与西乡隆盛在《南洲翁遗训》中所言的"于国有勋然不堪任者而赏其官职，乃不善之最也。适者授官，功者赏禄，方惜才也"（若将官职授予不胜任者以表彰其功绩，此为最大的不善。应慎重选择适任之人授其官职，有功绩之人则赏其俸禄，乃惜才之举也。——编者注）的理念一致。可以说，稻翁是西乡该箴言的忠实践行者。

再来看孔子上述箴言中对"何为礼之根本"的作答，其可归纳为"弃奢侈从俭朴，轻形式重内容"。这既是身为领导应该具备的素养，也是前面讲到的"基于实力主义运营组织"的相关要素。

有句话叫"以貌取人"，此处可以将"貌"引申为"一个人的表面"，因此其包括一个人的学历和资历等"形式要素"。虽说"表面与内心""形式与内容"之间的关系较为微妙，但我们还是不该仅仅看一个人的"表面"和"形式"，而要切实评价其"内容层面"的"真正实力"。这就是孔子倡导的"不重形式重内容"。

以学历为例。学历本身是形式，而当事人真正的学习经历和所学所得才是真正重要的内容。

稻翁语 实践重于知识

《论语》原文

子贡问君子。子曰:"先行其言而后从之。"(为政篇)

今译

子贡问孔子怎样才算君子。孔子答道:"把实际的行动摆在言论的前面,这样的人就算是君子。"

在技术研发和产品制造方面，经验是不可或缺的要素。若只靠知识和理论，是无法真正出新的。

京瓷的立业之本是工业陶瓷产品，因此下面就以工业陶瓷产品的制造工序为例予以说明。

要制造工业陶瓷产品，必须把原料粉末充分混合，然后经过定型和烧制的工序，方能完成。只要看书学习，人人都能明白这些相关的原理和工序。可就拿"混合粉末"这一工序来说，只有自己亲手实践过，才能真正明白这是怎么回事。若是液体或气体，则自然能完全混合。但制造工业陶瓷产品的原料是固体粉末，它们究竟混合到何种程度才算是"充分混合"呢？这是唯有靠经验才能搞懂的领域。这和盐巴的味道同理，如果不亲自去尝尝而光靠想象，那怎么都无法真正明白它有多咸。

换言之，"明白原理"和"实际会做"完全是两个层次的概念。但纵观我们大多数人，却在不知不觉中倾向于把"知晓的事"误认为是自己"会做的事"。

稻翁曾以烧制工业陶瓷产品时的"收缩率"为例，提出"实践重于知识"的观点。他说道："即便基于书本资料上的知识，即便在相同的条件下操作，每次烧制的收缩率依然各异。因为书本上的知识和理论不同于眼前实际发生的现象。那么问题来了——控制烧制成品公差的要素是什么？在我看来，恐怕还是日积月累的经验。"换言之，唯有经验才能出真知。

再来看孔子的上述箴言。对于子贡"何为君子"的提问，孔子其实提醒了子贡的缺点，因为子贡在孔子的弟子中算是数一数二的能言善辩者，所以孔子等于在间接地告诫他"莫要口才滔滔却缺乏行动"。鉴于此，可以将孔子的该箴言理解为——"君子（优秀之人）不重豪言，而重实践道德，（子贡你）平时强调的主义和主张并没错，可若只说不做，则并非君子之道。所以要先亲身实践自己的主张，然后再宣之于口"。而其亦可引申为"不要只知口头讲大道理，而要带头先去做"。可见，君子（也即适合居高位或者当领导的人才）为了给下属做表率，在提出自己的主张之前，应该先去亲自实行。

这个道理人人适用。譬如在职场中，假如我们带头行动，自己的积极性和热情干劲就会感染周围同事，从而带动越来越多的人参与。俗话说，"众人拾柴火焰高"，这样的良性影响能够切实改变一个职场、一家企业，乃至整个社会。

　　知识和理论并非无用之物，但唯有常怀"实践出真知"的意识，才能让知识和理论发挥作用。总之，只有将经验、知识和理论有机结合，才能实现卓越的技术研发、产品制造，并取得优秀的工作成果。

稻翁语 统一方向

> **《论语》原文**
>
> 子曰:"不患人之不己知,患不知人也。"(学而篇)

今译

孔子说:"不要担心别人不了解自己,应该担心自己不了解别人。"

在我们的周围，存在着抱有各种不同想法和思维的人。国家也允许公民具有"思想和信仰的自由"，所以有这样的现象也是理所当然。

而职场亦是如此。员工不应该被他人的指示或要求彻底框死，而应该有权基于自己的想法或点子开展工作。如果一个职场拥有这样的文化和氛围，且公司整体上下保持和谐的话，那可谓最理想不过了。

但这终究只是理想。在现实中，如果一家企业允许员工"完全不顾上头的指示和要求，大家可以按照自己的想法天马行空地自顾自行动"，那这家企业早晚会因管理失控而倒闭。道理很简单——一个组织若不能统一方向，则其力量就会趋于分散。换言之，员工的前进方向不一，企业便无法发挥综合实力。

纵观棒球、足球、橄榄球等体育竞技项目，该道理也不言自明。一支"全员一致求胜"的球队，和一支"每个人只争自己本场表现和头衔"的球队，二者的实际战斗力显然大相径庭。正所谓"人心齐泰山移"，如果队伍全员的力量向同一方向集结，便能取得自己都想不到的惊人成果。

而要想"统一方向",关键要"拥有相同的价值观"。这里的"价值观"包括企业的存在意义、企业的发展蓝图等最为根本的企业哲学。若一家企业的全体员工对这样的企业哲学有共识,则该企业就能营造出人人各尽其才、快乐工作的和谐氛围。

如果是同好会或社团等组织,哪怕成员之间的基本意见存在差异,亦可视其为该组织具有活力的证明。但背负着社会使命的企业则不同——全员必须拥有相同的价值观。换言之,企业本身就应该由一群价值观相同的人所组成。

"不要担心别人不了解自己,应该担心自己不了解别人"——对于孔子的这句话,我觉得可以意译为"与其因为别人不赏识自己而懊恼,不如因为自己没有能力判断别人的真正价值而烦恼"。

要想统一方向,这一点至关重要。如果一个组织或集体尽是想充分炫耀自己能力的人,那么要统一方向谈何容易。反之,若组织或集体成员个个知晓自身的不足之处,并拥有各尽其职、角色互补、彼此尊重的意识,并能基于类似橄榄球队的"一个人为了十五个人"的精神,真诚地去发掘别人的闪光点,那么要统一方向就不难了。

在拥有相同价值观的同时,懂得去发现别人的真正价值——如果一个职场的员工人人都能坚持践行这一点,则个体的力量自然能够聚沙成塔,形成一股强大的力量。

稻翁语 用关怀赢得信赖

《论语》原文

厩焚。子退朝，曰："伤人乎？"不问马。（乡党篇）

今译

孔子家的马厩失火了。退朝回来的孔子问："有人受伤吗？"却没问马怎么样。

作为领导，必须事事身先士卒，给下属和同事树立一个好榜样，而且还应该态度谦虚。但最为重要的是，要能看透"大家是否愿意追随自己"。

领导必须能获得共事者的信赖，乃至进一步赢得他们的"尊敬"。人一旦工作繁忙，往往会减少与下属和同事之间的沟通。如此一来，恐怕就会被同事和下属解读为"只会挥舞权力大棒"，这是危险的。要想构建"信赖与尊敬的纽带"，"平日的交心"不可或缺。

假设你身为领导，正在与同事着手一个项目，而你的同事犯了错误，此时你会如何对待此事呢？倘若一味叱责对方，追究对方责任，并只在意该错误造成的损失，那不但得不到尊敬，甚至连对方的信赖都会失去。因为这种做法等于告诉对方——你是个不关心同事的人。

再看上述箴言所提到的马厩失火事件，孔子对此的第一反应是"人要不要紧"。可见，比起马，他更关心人。该箴言可以引申出一个设问："是处理眼前的问题重要，还是人才重要？"

若想获得信赖和尊敬，就应该对下属和同事更加关心和重视。此外，在企业中营造"容许失败"的正能量文化和氛围，才能有助于打造具备"关怀精神"的组织，从而使企业步入发展的良性循环。

稻翁语：不断从事创造性的工作

《论语》原文

子张学干禄，子曰："多闻阙疑，慎言其余，则寡尤，多见阙殆，慎行其余，则寡悔。言寡尤，行寡悔，禄在其中矣。"（为政篇）

今译

弟子子张问孔子："怎样才能求得官职俸禄？"孔子说："要多听多闻，有怀疑不懂的地方则保留。其余足以自信的部分，谨慎地说出，就能减少错误。要特别小心处理，不要有过分的行动，这样处事就少后悔。一个人做到讲话很少过错，处事很少后悔，当然行为上就不会有差错。自然就有官职俸禄了。"

"我们为了什么而工作？"——这是个很重要的问题。有人说，要把被赋予的工作视为天职，拼命努力去做，这固然没错，但不可仅止于此。在埋头努力工作的同时，还需要自问自省："这么做就够了吗？"此外，还要多问"为什么"，要秉持"今天要好过昨天""明天要好过今天"的改良进步理念，从事创造性的工作。换言之，工作不是昨日做法的茫然复制。

鉴于此，身为领导，更要时刻具备创造意识，从而为下属和同事营造出"不断求新""鼓励创造"的职场环境。

此外，职场全员彼此之间还必须常常相互激励创新、督促创新，才能实现企业可持续的发展进步。反之，若领导安于现状，周围人也会同样不思进取，从而导致组织和企业不进则退。可见，对力图实现发展进步的组织和企业而言，甘于满足现状的领导可谓"最大毒瘤"。

日本有种说法叫"企业腐败，始于头部"。因此一家企业的首席执行官（CEO）或首席运营官（COO）尤其要注意自省，莫变成企业的毒瘤。

另外，创新并不容易。唯有全神贯注、发动潜在意识，不断深入思考，才能苦尽甘来地实现创新。若不经历这十月怀胎般的痛楚，而只是一拍脑袋想出的半吊子创意，则其无法最终开花结果。可见，领导必须不断执着地求新求变，不断辛苦地绞尽脑汁。

下面分析孔子的上述箴言。子张比孔子小48岁，在孔子的弟子中算是非常年轻的。子张问孔子："如何才能求得官职俸禄"，而孔子的回答则可归纳为"要拥有明确的目标和未来愿景，且自身在深思熟虑后再采取正确行动。如此一来，好名声和官职自然会找上门来"。此外，孔子还提醒子张"莫要搞错追求之物的顺序"，因为官职俸禄只是最后的结果。

纵观最近的应届毕业生，在求职面试时被考官问到"为什么想入职我们公司"的动机问题时，不少人会一本正经地答道："因为贵公司是业绩优秀的大企业，职员收入稳定。"鉴于此，我可以八九不离十地得出这样的结论——在择业时，以"收入稳定，生活稳定，享受人生"这种个人欲望为优先的年轻人如今在增加。

但这也不能全怪年轻人。说到底，企业方面的用人态度也确实存在问题。比如，当一个人跳槽应聘时，面试官往往会问："你在之前的职场中所培养的能力，能为我们公司带来多大的好处？"换言之，雇佣方把求职者的技能和能力视为重要的选拔基准，却不太关心求职者对工作的热情、志向和目标。于是搞得这些中途求职者也和上述应届毕业生一样，止于"只追求自身欲望"的境界层次。而他们在入职后，恐怕也无法在这种企业文化中发挥创造性。

所以说，"这么做就够了吗？""明天要好过今天。"——只有具备这样的热情和行动力，才能从事创造性的工作。

稻翁语 共享理念

《论语》原文

子曰:"君子和而不同,小人同而不和。"(子路篇)

今译

孔子说:"君子可以和持完全不同思想的人心灵相通,但这绝非表面上的'一个鼻孔出气';反之,小人只会表面上的'一个鼻孔出气',内心却无法做到彼此相通。"

所谓企业文化和企业氛围，其实是每名员工无意识地自然流露。倘若企业领导未能将经营哲学成为全体员工的共识，则其也无法真正落实和升华为企业文化和氛围。一些企业的经营者、领导单方面地将自己的经营哲学和理念强加于下属，并根据自己的方便和喜好对其随意解释，这会导致企业缺乏整合性，于是"全员思想一致"也成了无稽之谈。

这听起来十分荒谬，但现实中这样的企业经营者和领导还真不少——他们一边基于私利私欲，给自己设置特权和例外，一边却又嗟叹下属和员工不理解、不接受自己提出的理念。

此外，领导在向员工传达自己的企业哲学时，还必须"因材施教"，即考虑听话者的年龄和生活背景，以填平理解的代沟。假如自己的哲学属于中老年人的价值观，那就很难让新一代年轻人接受。那么该如何做呢？

和与自己持不同思想的人心灵相通——孔子口中的这种"君子形象"，正是领导应有的品格。但要注意的是，这不同于表面上的"一个鼻孔出气"。假如领导轻浮地讨好员工，搞得大家表面上一团和气，则企业便沦为了"友谊社团"，其结果只能是走向衰亡。

那么问题来了——领导需要具备怎样的思想，才能营造出最对口的企业文化和氛围呢？归根结底，能够超越代沟并获得普遍同感的思想理念才是支柱。鉴于此，首先要以"作为人，何谓正确？"这种普适性的原理原则为核心。若领导能极度认真地实践该原理原则，并与全体员工打心底形成这样的思想共识，那么企业就能迎来巨大的变化。千里之行，始于足下。哪怕起初只是一点一滴的小共识，也能形成坚固的纽带，从而培养出达成全新思想共识的土壤。

稻翁语 给下属注入能量

> **《论语》原文**
>
> 　　子曰："后生可畏，焉知来者之不如今也？四十、五十而无闻焉，斯亦不足畏也已。"（子罕篇）

今译

　　孔子说："不可小看后一代的年轻人，你怎么知道他们将来赶不上我们这一代老人呢？但一个人如果到了四五十岁的时候还默默无闻，那就不值得敬畏了。"

孔子的上述箴言耐人寻味。并非单指年轻人，还蕴含着另一层深意："居高位者，应该更加努力地引导年轻人发挥自身潜能。"

让我们结合当代职场来分析——假设有一个项目团队，领导对于追求成功的热情极高，可倘若其下属缺乏同样的热情，则该项目的成功概率会直线下降。

反之，即便该公司在物质资源方面较为匮乏，但如果领导能满怀热情地阐明该项目的意义和目标，从而将下属的士气激发至与自己相同的程度，则成功的康庄大道便已打通。道理很简单——因为下属被注入了成倍的能量。

读者中有当领导或上司的，可以扪心自问——自己是否有以"太年轻""没经验"为由而看低下属实力的倾向？如果当领导的觉得自己的下属能力低，那只能说明领导给下属注入的能量不到位。一个项目的成败，取决于该项目团队整体的"总热度"。

鉴于此，领导最重要的使命便是，把自己的能量源源不断地注入给下属。身为领导，要充分把握下属对待工作的热情程度，并给下属注入能量，直至下属自身的热情也沸腾高涨。通过此方法充分引导和激发下属的潜能，便是领导最重要的任务。

稻翁语 兼具两个极端

《论语》原文

子温而厉,威而不猛,恭而安。(述而篇)

今译

孔子温和稳重,但也有严厉的一面;他有威仪但不凶猛,谨慎庄重而又安详。

从《论语》的内容可知，孔子可谓具备"理想型领导"的一切条件。所以说，在商界职场从事管理的领导，亦必须具备孔子这般的人格平衡性。

需要注意的是，此处所言的"平衡"，其与"平均"和"平凡"恰恰相反。孔子平日虽温和稳重，但在育人成才的教育场合，他又会表现得极为严厉。换言之，领导应该像孔子那样，兼有看似性质相反的两个极端。

身为领导，在遭到周围人的反对或异议时，有时必须坚持信念，果断执行计划；但有时又必须虚心听取同事的意见，坦诚承认自己的错误，并敢于修正计划。可见，领导必须兼有"大胆"和"慎重"两个极端，而绝非两边不沾的平均主义。

中国三国时代的诸葛孔明曾经"挥泪斩马谡"。可见，领导必须拥有敢于决断的魄力，即便平时富有人情味，在秉公办事时也必须严格公正，甚至显得冷酷无情。

一个人的人格兼有两个极端，并能够视情况和需要合理显露——这便是领导所需的重要品质。

稻翁语：以心感召心

《论语》原文

子曰:"可与共学,未可与适道;可与适道,未可与立;可与立,未可与权。"(子罕篇)

今译

孔子说:"能一起学习的人,未必能成为同道中人;即便成为同道中人,也未必能一起共事;即便一起共事,也未必会追求同样的梦想。"

孔子的上述箴言参透了现实。人与人之间之所以会产生分歧，并非仅仅由于物理原因，反而是心理隔阂的因素更大。不少学校里的好友走上社会后，彼此心灵的沟通中断，从而导致分道扬镳。

稻翁一直致力于"以心为本的经营"。该经营手法旨在构建员工之间牢固的信赖关系，并保持这种心灵纽带。

正所谓"懂得爱人，才能被爱"，要想构建以心为本的牢固人际关系，领导就必须自己先做到心境纯粹，然后物以类聚般地召集和团结同样心境纯粹的员工，最后实现大家思想和步调的一致。

那何谓"心境纯粹"的领导呢？具体来说，即为了全体员工的幸福和公司的发展，甘愿赴汤蹈火，甚至不惜生命——拥有这般强大意志并抛弃私利私欲的领导，便称得上心境纯粹。奇妙的是，拥有关怀体谅别人的利他心的人，其周围往往也是类似的人。这正可谓"以心感召心"。

常言道，"心念如电"，没有比人心更易变的东西；但也没有什么比人与人之间的心灵纽带更加牢固。彼此一旦同心同德，便能在同一个舞台追梦，而前途自然是成功在望。

总之，要想以心感召心，前提是拥有一颗体谅关怀、纯洁无瑕的利他心，这一点必须牢记。

稻翁语 与宇宙的意志相和谐的心性

《论语》原文

子曰:"朝闻道,夕死可矣。"(里仁篇)

今译

孔子说:"如果早晨能够得知真理,即使当晚死去,也了无遗憾。"

稻翁常说，纵观世间万物万象，包括宇宙中各种物质的产生、生命的诞生及进化等，不得不让人觉得这一切并非偶然产物，而是必然结果。

在他看来，这个世界上有一种让万事万物发展进化的"大趋势"，可将其称为"宇宙的意志"。这种"宇宙的意志"充满了爱、真诚与和谐。而我们每个个体的心念所发出的能量与这"宇宙的意志"是同步还是抵触，便决定了该个体的命运。

再来看孔子的上述名言，其可谓他一生理想的浓缩写照，可意译为"哪怕只有一瞬间参透了终极真理，那也死而无憾了"。换言之，孔子知道自己或许永远参不透终极真理，但他依然拼命钻研学问。

如果换作当代企业，那么企业职场中的终极真理或者说终极关怀是什么呢？大概可以概括为"没有一个人抱怨和不满，全体员工积极向上、开心工作"。这或许与稻翁强调的"宇宙的意志"殊途同归。

正所谓"知易行难"，要实现上述理想的确很困难。但我们要学习孔子的上述态度和精神——对于"似乎永远做不到"

的事，绝不轻易放弃，而是"抱着一死的觉悟"积极努力。

干劲十足的人，不断努力在职场中追求"宇宙的意志"（即"真理"）的人，便能掀起让一切发展进化的"大趋势"。然后全体员工要以与该"大趋势"同步一致为目标，彼此达成经营理念的共识，做到心灵相通、信息共享，并像孔子提倡的那样，不断拼命努力。

稻翁语：目标必须众所周知

《论语》原文

子语鲁大师乐，曰："乐其可知也：始作，翕如也；从之，纯如也，皦如也，绎如也，以成。"（八佾篇）

今译

孔子与鲁国乐官讨论音乐的原理。孔子说："音乐的演奏原理大概可以了解。先是打击乐器高声奏鸣，然后各种乐器开始合奏。管弦乐器的各声部奏出清楚的旋律，随着演奏继续，余韵不绝，乃至完成一个乐章。"

孔子对音乐的上述见解耐人寻味，其亦适用于职场组织的团队协作——各部门切实履行自身职责，旨在"演奏出美妙的和声"。当然，哪怕其中只有一人自顾自地乱吹乱奏，也会即刻破坏整体的"和谐乐章"。那么问题来了，如何才能"奏出精彩的和谐乐章"呢？

为了达成"目标"，首先要让全员都彻底知晓该目标。即全员形成目标共识，使其个个把实现目标视为己任，从而各尽其职、各尽其责。

就拿销售额目标来说，不管是销售部门还是生产部门，都必须在把握当月销售额、总产量、毛利润等数字的前提下，努力开展业务工作。换言之，唯有全员脑中都牢记这些数字，并且做到"有问即答"的程度，才称得上是"全员彻底知晓"。

稻翁独创的"阿米巴经营"是一种旨在培养员工企业经营意识的小集团部门核算制度。其核心理念是"让每名员工都参与经营"，并以"单位时间核算值"为考核依据，促进员工自律自主地开展工作。这种模式类似于自我分裂增殖的阿米巴（变形虫），因此稻翁将其命名为"阿米巴经营"。

总之，通过让全体员工彻底知晓目标、形成共识，从而提升每名员工的参与意识，进而实现团结一心，激发全员朝着共同的目标努力。

稻翁语 言出必行

《论语》原文

子曰:"其言之不怍,则为之也难。"(宪问篇)

今译

孔子说:"若说话大言不惭,则实行起来就很难了。"

若是企业或组织的领导，则自然需要在各种场合讲话发言。如果说出的话正确又在理，那么当然能够激励下属，并促使他们自我反省和鼓起勇气。

话虽如此，可倘若领导嘴上说一套，实际又做一套，那结果会怎样呢？比如，一边要求员工毕恭毕敬地大声向领导打招呼，自己却不爱搭理员工；一边呼吁员工全身心投入工作，自己却常常在工作日打高尔夫，或任人唯亲，甚至频频缺勤，对于这样的领导，下属显然不会真心服气和追随。

再看孔子的上述箴言，其可意译为"必须对自己所言内容进行客观的逻辑分析，从而确认是否能够做到"。可见，孔子也提倡"言行一致"，并劝诫人们不要"大言不惭"，也就是"做不到就不要说"。若再深入一点，还可将其解读为"理想一旦说出口，就要让自己的行为符合该理想的要求"。

一个人自己说出的话，也是对自身的一种约束。比如，在职场中，当我们提醒同事或下属"不要迟到"时，等于也在起誓"自己决不迟到"。同理，当我们要求同事或下属"应该抱有关怀体谅之心"时，等于也给自己下达了"要亲自付诸实行"

的任务。

而一旦行动伴随着言语,那么言语就会变得掷地有声。所以领导在说话时,"言行一致"这根弦一定要绷紧。话一旦出口,就必须以身作则、付诸行动。这便可谓稻翁所强调的"言出必行"的中心思想。

6 经营篇

稻翁语 遵循原理原则

《论语》原文

季康子问政于孔子,曰:"如杀无道,以就有道,何如?"孔子对曰:"子为政,焉用杀?子欲善而民善矣。君子之德风,小人之德草。草上之风,必偃。"(颜渊篇)

今译

季康子向孔子请教政治,他问道:"为了治理好国家,把坏人都杀掉,只留好人,如何?"孔子说:"治理国家,何必用杀戮的手段?您若是率先推行善政,民众自然会被感化,从而自行遵循善道。在位者的品德好比风,百姓的品德好比草。善的风吹到草上,草就会朝善的方向倒;若恶的风吹到草上,则草就会朝恶的方向倒。"

从当年创业起，稻翁便一直坚持把"原理原则"作为判断一切的基准。但凡企业经营，皆需光明正大、合情合理、遵循世间普遍的道德准则，否则绝无可能实现可持续发展。切不可以"其他公司也大都这么做"为由，不假思索地随大溜。因为这种看似"轻松安逸"的判断方式，却往往有破坏"原理原则"之虞。

在关乎组织、财务以及利益分配方面，也需要基于根本道理，思考"本该如何"，从而作出相应的判断。若能切实遵循这一点，那么企业出海发展也好，从事全新业务也好，都不用担心判断失误。

对此，稻翁称之为"遵循天道"。如果在经营企业时不违背该"天道"，做理应做的事，不但不会出错，还能带来幸福（也就是成功）。

再说回孔子的上述箴言。对于季康子提出的"杀光世间坏人就天下太平"的自作聪明之策，孔子予以否定，并提出告诫，还进一步指出"在位者的品德好比风，百姓的品德好比草。善的风吹到草上，草就会朝善的方向倒；若恶的风吹到草上，则草就会朝恶的方向倒"。换言之，孔子在提醒季康子要牢记"世风世相，皆随掌权者而变"的道理。

可见，"善之经营""善之管理"方为重中之重。在《论语·子路篇》中，有一段孔子和其弟子樊迟的对话。

樊迟请学稼，子曰："吾不如老农。"请学为圃，曰："吾不如老圃。"樊迟出。子曰："小人哉，樊须也！上好礼，则民莫敢不敬；上好义，则民莫敢不服；上好信，则民莫敢不用情。夫如是，则四方之民襁负其子而至矣，焉用稼？"

上面一段话的意思是：樊迟请孔子教自己种庄稼，孔子拒绝道："这方面我不是专家，你应该去请教老农。"樊迟又请孔子教自己种菜，孔子又拒绝道："种菜也非我的专长。"于是樊迟一脸不解地出去了。对此，孔子说道："樊迟是个小人。他不明白该从我这里学什么。如果居高位者尽礼法，则百姓自然会予以尊敬；如果居高位者重正义，则百姓自然会心悦诚服；如果居高位者循诚信，则百姓自然会付出真心。如此一来，其他国家的百姓也会心生羡慕，于是拖儿带女前来移民定居。随即国家人口增加，农耕自然繁荣，国力势必增强。所以说，立志成为政治家或思想家之人，并不必自己去种庄稼或种菜。"

孔子拒绝樊迟的请教，并非因为讨厌他，而是因为樊迟"不明白该学什么"。此外，孔子还简单明了地道出了"立志成为政治家或思想家之人应该具备的认知境界"。

再看樊迟，他之所以向孔子请教如何种庄稼，其实也有其他目的。他知道孔子年轻时曾种过庄稼，因此他心中的算盘其实是"如果我向老师请教农事，老师大概会对我刮目相看"。换言之，他觉得"在求正道方面，与其他弟子相比，自己略显劣势"，于是打算另辟蹊径，想靠"农事"给自己加分。

可他的这点儿小聪明已被孔子看穿。孔子之所以点评他为"小人"，其真意是"想跟我学习，就必须在正道上一决高下。农事与正道无关，只是逃避的借口罢了"。

总之，要想行善政、循天道，或者成功经营企业、实现正确的"活法"，就必须像稻翁那样以身作则，坚持力行正确的经营理念。即不断践行"善之经营""利他之经营"这样的正道，这一点十分关键。

稻翁语：以心为本的经营

《论语》原文

子曰："三军可夺帅也，匹夫不可夺志也。"（子罕篇）

今译

孔子说："一国军队，可以使它丧失主帅；一个男子汉，却不能强迫他放弃主张。"

在我 30 多岁时，头一次听到稻翁的这句箴言："以心为本的经营。"当时的我仿佛醍醐灌顶，似有一股电流游走全身——心中感叹："像稻翁这般知名的企业家，原来是这样一路努力而来的啊……"

的确，京瓷当年创立伊始，只是家无资金、无信用、无业绩的小作坊工厂。正如稻翁自己所说，当时唯独能依靠的，只有手头的一丁点儿技术储备和 28 名相互信任的伙伴。也正因如此，大家彼此重视心灵层面的沟通。为了公司的发展，每名员工都努力付出，而经营者也为了不辜负员工的信赖而拼命——这般互相扶持的共生关系，在当时的京瓷便已存在。

可以说，京瓷全员彼此信赖，且大家都抛弃了私利私欲，由此让全员由衷感到"能在京瓷工作真好"。这可谓成功营造出了"物质与精神两方面"的充实环境，且持续至今。

据我所知，京瓷完备的福利保障制度也集中体现了这种"物质与精神两方面"的关怀和体贴——如果员工病故，公司不但会发一笔抚恤金，还会为其家属和子女提供生活帮助，直至子女成年独立。

我在与京瓷及其相关集团子公司员工的接触中，每每都能感受到这种扎根于其企业文化中的"以心为本的经营"。

与此同时，我还感受到他们的确一直在切实践行京瓷的经营理念："实现全体员工物质与精神两方面的幸福，并为人类和社会的发展进步作出贡献。"

始于经营理念，止于经营理念，忠于经营理念——这便是稻翁的经营之道。

前面也提到，人心是善变的，但同时也是最牢固的。意志坚定者，绝不会屈服于不合理的淫威。因为这样的人懂得思考并明白人的价值为何、工作的意义为何、活着的意义为何。而孔子的上述箴言"将可杀，志难灭"，讲的便是这个道理。

近年来，企业并购在日本也成了常见现象。的确，通过大量收购股票，甚至可将大企业收入囊中。换言之，在当今时代，收购企业就像购物一样。但凭借这种手段，是否能买到企业员工的心呢？

孔子曾说:"只靠金钱或权力,并无法得到人心。"可见,以心为本、同心同德的经营,不但是企业成长不可或缺的要素,亦可谓极为有效的反收购对策和风险管理手法。

稻翁语：贯彻顾客至上主义

《论语》原文

子曰:"富而可求也,虽执鞭之士,吾亦为之。如不可求,从吾所好。"(述而篇)

今译

孔子说:"如果可以通过正当手段取得财富,那么即便是给人执鞭开道这种卑微的差事,我也愿意接受。可如果无法通过正当手段取得财富,那么我还是选择自己喜欢的事做。"

在京瓷创立之初，公司承接的都是外包代工的活儿，但其组织性质是独立自主的。因此京瓷没有可以依靠的母公司提供订单，只能靠自己不断研发生产出客户所希求的产品。

在这种"没有靠山"的情况下，京瓷不容懈怠和闪失，且必须在相关业务领域拥有比客户更先进的知识和技术，即必须在知识、技术、新品研发、品质、价格乃至交货等各个方面和环节都让客户满意。换言之，必须针对客户的各种需求，以"颠覆既有概念"的革新气势，不断作出新的尝试。

再说回孔子，他一生安于清贫，但对买卖并非全盘否定，前提是符合一个条件，那就是"以正当手段获利"。

再看稻翁，他经常提及"王道"和"霸道"。二者的区别为何？简单来说，"霸道"是一味挥舞权力大棒的统治手段，而"王道"则是以"德"与"正道"实施治理的方法。

近年来，诸如劳务派遣公司 Good Will 的剥削榨取事件、老字号糕点生产商"赤福"公司的篡改保质期事件、高级餐饮店船场吉兆的食品安全卫生丑闻等，这些事情之所以会发生，恐怕与其经营层的"霸道"式管理风格有关，结果导致这些企业无法长久发展。

与之相对，对于稻翁主张的"贯彻顾客至上主义"，想必就连孔子也会赞其为"王道"。任何企业，一旦忘却了"要让顾客开心满意"的"商道之王道"，则势必无法走向繁荣。

虽说"知易行难"，但运作企业也好，经营店铺也好，但凡做买卖，就应该时刻检查自省，从而确保"顾客至上主义"得到彻底执行。

稻翁语 好声誉来之不易

《论语》原文

　　阙党童子将命。或问之曰："益者与？"子曰："吾见其居于位也，见其与先生并行也，非求益者也，欲速成者也。"（宪问篇）

今译

　　阙村有一个少年，他专门为来访的客人传话。有人见状问孔子："该少年想必学问优秀吧？"孔子答道："有一次与他同席，我见他自己坐在主宾的位子上。此外，我还见他与村里的长辈们并肩同行。由此看来，他并不希望提升自己的学问和人格，而只是急于求名而已。"

说到"何谓理想的企业",恐怕这是个人人争论不休的问题。制定的具体目标也取决于企业的业务。但拥有诸如"要成为世界首屈一指的企业"这种远大目标无疑很重要。若能一步步地朝着这样的目标踏实努力,则自然能得到相应的好声誉。

下面来解读孔子的上述箴言。对于那个少年的举止,孔子一眼看破其动机:"其钻研学问并非为了造福他人,而只是为了尽早出人头地。"可这般急功近利,究竟能否收获好声誉呢?

影响企业经营状况的要素有很多,可分为有形要素和无形要素。比如商品、产品、店铺、技术研发、生产设备等便属于物理层面的有形要素。反之,经营者和员工所营造出的企业文化、企业哲学、企业理念,以及它们在企业内的推广和共识程度,便属于摸不着的无形要素。但一家企业若要实现远大目标,就必须把这些有形和无形的要素都调动起来。比如,如果想成为业内第一的企业,就必须具备与之相符的企业哲学,从而引导和激励经营者和全体员工以谦虚实干的态度对待日常工作。

常言道,"罗马非一日建成"。唯有脚踏实地、不断努力,才能取得成功。同理,好声誉亦来之不易。

稻翁语 以大家族主义开展经营

《论语》原文

叶公语孔子曰:"吾党有直躬者,其父攘羊,而子证之。"孔子曰:"吾党之直者异于是,父为子隐,子为父隐,直在其中矣。"(子路篇)

今译

叶公对孔子说:"我们这里有个正直的人。他父亲偷了别人的羊,他便出来告发自己的父亲。"孔子说:"在我们这里,正直的标准和你们的不同。父亲替儿子隐瞒,儿子替父亲隐瞒,这难道不是真正的正直吗?"(或许在孔子眼中,伦理道德有时高于法制,而本书作者也在下文中对孔子的这段话做了自己的解读。——编者注)

喜他人所喜，与他人苦乐与共——重视构建这种家人般的信赖关系，可谓稻翁眼中的"员工彼此之间纽带"的原点。

彼此感谢、彼此关怀、彼此信任——这种家人般的关系，正是京瓷得以发展壮大的根基。也正因如此，当同事有困难时，"京瓷人"会不假思索地出手相助，甚至连一些生活上的苦恼，他们也会彼此交流。

下面分析孔子的上述箴言。叶公对自己所在地区的治理水平颇为自豪。他列举了儿子告发父亲的案例，旨在炫耀"我们法治先进"。

但孔子对此不以为然，反驳道："作奸犯科的确令人厌恶，但不顾一切彼此袒护才是真正的父母和子女。反之，子女举报父母实乃不孝，这样冷酷的社会有何先进可言？"

孔子并非赞同袒护包庇。尤其对当代企业而言，一旦发现违规行为，应该立即予以纠正。特别在当今企业丑闻接连不断的社会，企业治理的重要性愈发凸显。

但凡事皆有度，倘若一家企业的下属和上司之间人心背离，大家乐于对上司或同事的失败嚼舌根，且企业内部告发风气盛行，那这家企业能成长发展吗？同理，一味宣扬"自己对下属如何如何不满""下属如何如何无能"的经营者和企业干部，真能带好队伍吗？

反之，如果经营者和员工、上司和下属、同事彼此之间能情如家人，即便个体存在缺点，也能做到彼此互补，乃至相互指正，从而促进大家共同成长进步。

对于孔子的上述箴言，若再放飞思维一点，还可将其解读为对叶公的讥讽："正因为在治理方面无视父母与子女之间的情感伦理，你的国家才会出现盗窃的犯罪现象。"孔子假如还在世，如果我说，"企业亦同理——靠强权专制让员工服帖，企业内部便不会产生大家族般的关爱氛围，于是会增加发生违规事件等丑闻的概率"，想必他也会表示赞同。

纵观当今曝出丑闻的企业，其董事长或创始人等领导层往往手腕强硬、刚愎自用，并把员工单纯视为"仆人"，对他们缺乏爱意。鉴于此，诸如手腕强硬的经营者、创始人或家族企业尤其要警惕陷入"什么都自己说了算"的傲慢状态，哪怕只有丝毫倾向也不行。特别是规模由小做大了的企业，经营者或创始人必须摆脱"个体经营户"的小格局，否则便等于在否定企业治理和规则运营这样的现代大企业制度。而如果走不出这样的小格局，企业经营自然容易出问题。

在上述箴言中，孔子对这种视"父母和子女彼此举报"为"正直行为"的杀伐社会敲响了警钟。在他看来，这样的社会会破坏中华民族大家族主义的优良传统，而一个社会乃至国家的根本，便是这种家人般的关爱之情。

稻翁所提倡的"以心为本的经营"，也即重视"家人般的关系"的经营。总之，唯有以"仁"为本的"彼此心灵相通的大家族主义"，才是使企业、社会乃至一个国家繁荣昌盛的关键要素。

稻翁语 光明正大地追求利润

《论语》原文

子曰："饭疏食饮水，曲肱而枕之，乐亦在其中矣。不义而富且贵，于我如浮云。"（述而篇）

今译

孔子说："吃粗粮，喝白水，弯起胳膊当枕头——这种清贫生活也有着（求道的）乐趣。反之，通过不正当手段得来的富贵和地位，对我而言就如浮云一般虚无缥缈。"

企业自然要追求利润，否则无法维持运作。可见，追求利润并不是羞于启齿之事，也不违背做人的道理。在自由市场，作为竞争结果的"价格"，便是价值指挥棒所决定的"正当价格"。以这种"正当价格"堂堂正正地经商，所得的利润便是"正当利润"。换言之，在严酷的价格竞争之下，诸如努力优化生产、提升附加价值等手段，都属于正当的盈利方式。

可纵观当今的日本，"不努力用心满足用户需求""靠投机或违规牟取暴利""妄图一夜暴富、一掷千金"的不良经营风潮也的确存在。而这种全然被利益蒙蔽双眼的企业经营，实在难称为"正当经营"。

再看稻翁的经营态度，他不为社会风气所左右，坚持"运营光明正大""追求正当利润""不断反哺社会"。

在京瓷内部，从财务到其他方方面面，都对全体员工公示，不留一丝会招致疑问的"灰色空间"，即一种"玻璃般透明"的经营机制。

以京瓷独创的"单位时间核算制"（各部门基于单位时间，汇报核算业绩）为例，所有部门的业绩都会向全体员工公示。

这让每名员工一眼就能明白自己部门创造了多少利润、具体明细如何等。这种详细公示工作成果的职场环境，想必能够最大程度地调动全体员工的积极性。

基于该"透明经营"的理念，稻翁还要求每名员工都以"开放思维"开展工作。于是，在这种"信赖关系"被夯实的基础之上，"开放的职场环境"也就水到渠成。在这样的机制下，个人隐瞒信息的现象自不必说，就连部门的"小团体主义"亦不存在。这种"玻璃般透明"的经营机制，激发了全体员工全力对待工作的干劲。

再来看孔子的上述箴言，孔子明确表示："吃粗粮，喝白水，弯起胳膊当枕头——这种清贫生活也有着乐趣。"

此话若出自普通人之口，恐怕会被嘲笑为"阿Q精神"，但由于其出自孔子之口，因此分量不同，亦催人深思"何谓人生的目的"。

在物质过于丰富的现代社会，活在其中的我们往往会下意识地把"过得奢侈豪华"视为人生目的。不仅如此，为了释放工作和生活的压力，不少人会反复冲动消费、盲目消费，乃至病态消费。

对于现代人眼中的所谓"成功人士生活方式",假如孔子还在世,大概会斥其为"愚蠢至极"吧。越是细品孔子的上述箴言,就越发觉得什么豪宅、豪宴和奢侈品的浅薄和低贱。

可见,对于志在追求正道的人而言,骄奢的生活方式不足挂齿,自然也称不上是什么人生目的。因此在孔子看来,吃什么食物、穿什么衣服、住什么房子——这一切都无足轻重。

而在该箴言末尾,孔子指出:"通过不正当手段得来的富贵和地位,对我而言就如浮云一般虚无缥缈。"

孔子此处并非一味赞美贫苦生活,也并非彻底否定"赚钱发财""出人头地""追求富裕"的行为,而是告诫人们莫要因为追逐利益、欲望和快乐而使用"不正不义"的卑鄙手段。

企业是社会的支柱,因此无论在何种情况下,都必须秉持光明正大的态度。反之,那些不仁不义、误入歧途的企业,自然会遭到淘汰。总之,企业要走正道,首先必须实现"透明经营",构建开放、公平且充满活力的职场环境。

稻翁语 贯彻公平竞争精神

《论语》原文

子曰:"德不孤,必有邻。"(里仁篇)

今译

孔子说:"有道德的人不会孤单,一定会有志同道合的人来和他做伙伴。"

稻翁一直遵循"公平竞争精神",堂堂正正地从事商业活动。而且他最为厌恶诸如"赚钱可以不择手段""稍微违规或数字造假也没关系"之类的想法。

在观看体育比赛时,唯有每名参赛选手都不犯规作弊,以"公平竞争精神"一争高下,才能让观众获得真正的感动。换言之,竞技者的心态和心境,会在比赛中显露无遗。所以说,倘若缺乏"公平竞争精神",则比赛的观赏性会大打折扣。同理,在企业职场中,唯有每名员工贯彻公平竞争精神,才能让职场充满正气和活力。鉴于此,一旦发现不合理或违规行为,哪怕当事者是自己的上司,我们也必须堂堂正正地予以指正。

再看孔子的上述箴言,其亦适用于当代的企业经营。对于孔子口中的"恪守道德者"而言,其所处企业究竟是选择"王道"还是"霸道",将会影响其身处的环境。若是以"王道"为目标的企业,自然绝不会孤立企业内的"恪守道德者"。在这种情况下,这样的人不仅得到"身边的志同道合者"的支持,还会得到公司全员的支持。可换作追求"霸道"的企业呢?周围人恐怕会视"恪守道德者"为"孤高自傲之人",从而对其采取非难和孤立的态度。那么究竟哪一种企业会繁荣呢？答案不言自明。

总之，若能一直贯彻"公平竞争精神"的王道，则必能收获成功。

稻翁语: 全员参与经营

《论语》原文

子曰:"学而时习之,不亦说乎?有朋自远方来,不亦乐乎?人不知而不愠,不亦君子乎?"(学而篇)

今译

孔子说:"没有比温习学到的东西更令人快乐的事。没有比朋友专程从远方来拜访更让人开心的事。别人不了解、不认可自己,自己却不生气,这可以算是君子了。"

京瓷采用名为"阿米巴经营"的各小部门独立核算制度。

作为经营单位的组织被称为"阿米巴组织"。各阿米巴开展着独立自主的经营，且组织内的每个人都有权思考经营方式、参与经营活动。其精髓在于，经营不再依靠一小撮"精英人才"，而是让全员都参与进来。

通过全员参与经营，员工们实现了自我价值，且全员做到了统一方向，从而以"充满活力和紧迫"的集体荣誉感，朝着目标共同迈进。

在京瓷，这种全员参与的精神不仅限于工作方面，在员工运动大会、各种公司活动，以及京瓷独有的"空巴"等团建场合亦有体现。这在培养员工之间的坦诚关系、伙伴意识、家人意识等方面起到了重要作用。

下面再来逐句分析孔子的上述箴言。先看第一句——"没有比温习学到的东西更令人快乐的事"，这可谓"知行合一"的境界。换言之，通过自身经验，孔子明白了一个道理——若能把新学到的东西在日常生活中有意识地进行实践，则其势必能使自己融会贯通。即温习所学，然后实践，才能让知识切实为自己所用——这理念看似平淡无奇，可若能坚持下去，便能大幅提升自我。

再看第二句——"没有比朋友专程从远方来拜访更让人开心的事"，这句话里蕴含着什么深意呢？

自然不是字面上的"因为朋友来访而开心"这么简单。让孔子感到开心的，其实是与志同道合者相互交流、相互切磋之事。再进一步来讲，将自身所学传授友人，又将友人所学为己所用——这个过程，是他非常看重的。而来访者若是千里迢迢前来，则愈发令人开心。而稻翁提出的"阿米巴组织"形态，其中心思想亦是"与伙伴共享目标和知识，从而推动事业"——这可谓与孔子的上述思想如出一辙。

最后看第三句——"别人不了解、不认可自己，自己却不生气，这可以算是君子了"，这可以引申解读为"哪怕我们在某个学问方面有所成就，但别人却不赞扬和认可自己，也不可怨恨别人"。换言之，不要期待别人对自己的好评，而应该埋头求道求学，方可谓优秀之人。

再把这里的"学问"换成"工作"来分析。所谓"期待好评"，其实就是"私心"的体现。倘若一家企业、一个职场的员工都抱着这样的"私心"投入工作,那这样的企业还能作为"社会公器"长久发展吗?答案自然是否定的——若缺乏大局意识,只关心眼前的他人评价,莫要说企业蓝图,就连个人的自我价值恐怕都难以实现。

此外,在《论语·宪问篇》中,孔子还有这样一段话。

子曰:"为命,裨谌草创之,世叔讨论之,行人子羽修饰之,东里子产润色之。"

在孔子所处的时代,郑国算是先进国家。孔子的弟子问郑国的外交,而孔子的回答便是上述内容。弟子问:"郑国的外交文书十分优秀,人们赞它为'郑国外交成功之基础'。为什么郑国能写出这般优秀的文书呢?"孔子答道:"郑国在写外交文书时,由各能人贤士群策群力。文书由裨谌起草,世叔提出意见,外交官子羽修改,再由东里的子产进行最后的润色和完稿。"

换言之,孔子的教诲是"自身能力的不足之处,要请别人来帮忙弥补"。通过分担职责、取长补短、互帮互助、彼此协作,便能够产生巨大的能量。

后 记
——当今的"理想型领导论"

说到"何谓理想型的领导",最近有关日本企业的不少负面报道不禁令人深思——诸如 Good Will、NOVA、Paloma、不二家、船场吉兆、赤福等企业都曝出丑闻。如果把时间线再拉远一点,还有三菱汽车的产品隐患瞒报以及西武铁道公司的有价证券报告书造假事件等。类似事件数不胜数,但若分析起来,则可将它们分为两大类型。

第一类是"经营者独断独裁型"。其多见于初创企业或中小企业,其经营者也多为创始人或家族亲戚。经营者手段强硬、刚愎自用,且以自我为中心,趋于利益优先、为所欲为、公私不分。这使得企业不够公开透明化,乃至企业治理机制丧失机能。总之,这类企业缺乏自身作为"社会公器"的认识。

第二类是"大企业拖延和隐瞒问题型"。一些大企业的内部潜规则与社会常识相背离，使得企业作为"社会公器"的根本认识大幅削弱和退化，进而趋于把企业的"面子"和"门面"放在首位，从而忽视了"作为人，何谓正确？"之类的企业规则和底线。

鉴于此，我谨将以稻翁为代表的众多知名企业家的箴言和教诲进行归纳综合，从而得出当今的经营者和领导应具备的10条资质。

1. 要明白"作为人，何谓正确？"，拥有正确的理念和经营哲学，贯彻顾客本位主义，具备"利他"的社会贡献意识，并切实付诸实践。

2. 拥有光明正大的大义名分以及令人神往的未来愿景和明确目标，向下属和员工简明传达自己的战略和方针，并为了达成目标而率先垂范、带头行动。

3. 要明确目标。不可将目标止于精神论或抽象的表述，而应基于现实分析，设定具体数字，使计划变得具体可行。

4. 谦虚不骄，尊重每名员工的人格。与下属开展真心真意的日常沟通和交流，从而构建和深化"超越上下级阻隔"的感情。

5. 拥有强烈的规则意识、底线意识，并对自己的事业、自己企业的商品或服务充满自豪和热爱之情。

6. 以基于大善和足以服人的严格态度领导员工，同时努力创造能让员工拥有梦想、感到意义，且安心快乐工作的职场环境。

7. 懂得感恩和反省，并付出不亚于任何人的努力。同时本着一颗纯真之心，切实实行公平公开、不存私心的"玻璃般透明"的经营方式。

8. 在秉承"现场第一主义"的同时，努力实现"反映基层心声"的全员参与型的组织经营模式，让全体员工都拥有企业事务的知情权。

9. 敢于否定过去的成功经验，同时保持"积极改革"的意识，以及年轻的精神和斗志。志在营造勇于挑战、勇于尝试、"开朗正直"的企业文化。

10. 拥有"三大良师"：①教导原理原则的导师；②给予帮

后记

助的幕友；③耿直进言的亲信和下属，并由衷珍视他们。

上述 10 条既是对各位读者朋友的谏言，也是对我自己的鞭策。我会把上述 10 条作为自己的信条，并将本书中提及的稻翁箴言铭记于心，以打造正气、优秀且值得尊敬的企业为目标，一步步地努力前行。

最后，衷心感谢各位读者垂阅本书。